La bible des macarons

Recettes et photos : Sylvie Aït-Ali
www.amusesbouche.fr

ÉDITIONS ESI

60, rue Vitruve, 75 020 Paris

Imprimé en Italie par Gruppo Editoriale Zanardi.
© Éditions ESI - Dépôt légal : février 2012 - Achevé d'imprimer : février 2012
N° ISBN : 978-2-8226-0044-6 - N° Sofédis : S495876

Tous droits réservés pour tous pays.
« Toute représentation ou reproduction, intégrale ou partielle, faite sans le consentement de l'auteur, ou de ses ayants droit, ou ayants cause, est illicite » (article L.122-4 du code de la propriété intellectuelle). Cette représentation ou reproduction, par quelque procédé que ce soit, constituerait une contrefaçon sanctionnée par l'article L.335-2 du code de la propriété intellectuelle. Le code de la propriété intellectuelle n'autorise, aux termes de l'article L.122-5, que les copies ou les reproductions strictement réservées à l'usage privé du copiste et non destinées à une utilisation collective, d'une part, et, d'autre part, que les analyses et les courtes citations dans un but d'exemple et d'illustration.

Sommaire

- Macarons, recette de base 6
- Macarons à l'abricot 8
- Macarons à l'ananas 10
- Macarons à l'anis 12
- Macarons à l'avocat 14
- Macarons à l'huile d'olive 16
- Macarons à la banane 18
- Macarons à la barbapapa 20
- Macarons à la bergamote 22
- Macarons à la betterave et au chèvre 24
- Macarons à la cerise noire 26
- Macarons à la chicorée 28
- Macarons à la clémentine 30
- Macarons à la confiture de lait 32
- Macarons à la crème de marrons 34
- Macarons à la fève tonka 36
- Macarons à la figue 38
- Macarons à la fleur d'oranger 40
- Macarons à la fraise 42
- Macarons à la framboise 44
- Macarons à la grenadine 46
- Macarons à la lavande 48
- Macarons à la mirabelle 50
- Macarons à la mûre 52
- Macarons à la noix de muscade 54
- Macarons à la pêche 56
- Macarons à la pistache 58
- Macarons à la poire 60
- Macarons à la pomme 62
- Macarons à la réglisse 64
- Macarons à la rhubarbe 66
- Macarons à la vanille 68
- Macarons à la violette 70
- Macarons abricot et mangue 72
- Macarons anis et orange 74
- Macarons au Baileys 76
- Macarons au beurre de cacahuètes 78
- Macarons au bleu et à la poire 80
- Macarons au cactus 82
- Macarons au café 84
- Macarons au Carambar 86
- Macarons au caramel beurre salé 88
- Macarons au cassis 90
- Macarons au champagne 92
- Macarons au cheesecake citron 94
- Macarons au chocolat 96
- Macarons au chocolat pimenté 98
- Macarons au citron 100
- Macarons au cola 102
- Macarons au coquelicot 104
- Macarons au gélifié de coing 106
- Macarons au gingembre 108
- Macarons au grand Marnier 110
- Macarons au jasmin 112
- Macarons au lemon curd 114
- Macarons au miel 116
- Macarons au nougat 118
- Macarons au pain d'épices 120
- Macarons au pamplemousse 122
- Macarons au pavot 124
- Macarons au potiron et à la cardamome 126
- Macarons au quatre-épices 128
- Macarons au sirop d'érable 130
- Macarons au sirop d'orgeat 132

- Macarons au thé à la pêche 134
- Macarons au thé matcha et groseilles 136
- Macarons au touron 138
- Macarons aux amandes 140
- Macarons aux azukis 142
- Macarons aux fraises Tagada 144
- Macarons aux fruits de la passion 146
- Macarons aux griottes 148
- Macarons aux groseilles meringuées 150
- Macarons aux kiwis 152
- Macarons aux litchis 154
- Macarons aux noix 156
- Macarons aux noix de pécan et sirop d'érable ... 158
- Macarons aux pralines roses 160
- Macarons aux spéculoos 162
- Macarons aux tomates vertes 164
- Macarons café et chocolat blanc 166
- Macarons cassis violette 168
- Macarons cherry 170
- Macarons chicorée-spéculoos 172
- Macarons chocolat-banane 174
- Macarons chocolat-menthe 176
- Macarons chocolat-pistache 178
- Macarons chocolat au lait et cœur de coco ... 180
- Macarons chocolat et éclats de noisette 182
- Macarons chocolat et sel de guérande 184
- Macarons chocolat passion 186
- Macarons citron-framboise 188
- Macarons citron-thym 190
- Macarons crème brûlée 192
- Macarons des îles 194
- Macarons diamant noir 196
- Macarons duo de chocolat 198
- Macarons expresso 200
- Macarons façon tatin 202
- Macarons façon thé à la menthe 204
- Macarons fraises-basilic 206
- Macarons framboise et rose 208
- Macarons framboises-balsamique 210
- Macarons fruits rouges-réglisse 212
- Macarons mangue et ananas 214
- Macarons mangues-safran 216
- Macarons menthe et réglisse 218
- Macarons menthe glaciale 220
- Macarons mille-feuille 222
- Macarons mojito 224
- Macarons mont-blanc 226
- Macarons mûre et lavande 228
- Macarons myrtille 230
- Macarons normands 232
- Macarons orange-pavot 234
- Macarons orange et menthe 236
- Macarons orientaux 238
- Macarons passion-coco 240
- Macarons poires-chocolat 242
- Macarons praliné noisette 244
- Macarons pralinés 246
- Macarons pralinés feuilletés 248
- Macarons rhum-raisins 250
- Macarons truffés à la fève tonka 252
- Macarons tutti frutti 254
- Macarons vodka orange 256

Macarons, recette de base

Préparation : 30 minutes • Repos : 30 minutes • Cuisson : 15 minutes • Difficulté : ★★ Budget : ★★

Pour 40 macarons

- 200 g de sucre glace
- 110 g de poudre d'amandes
- 95 g de blancs d'œufs
- 30 g de sucre
- Colorant alimentaire

Mixez le sucre glace et la poudre d'amandes pour obtenir une poudre très fine. Montez les blancs d'œufs en neige avec une pincée de sucre. Quand le mélange commence à mousser, ajoutez petit à petit le sucre. Lorsque tout le sucre est incorporé, augmentez doucement la vitesse du batteur et fouettez jusqu'à l'obtention d'une belle meringue qui forme « un bec d'oiseau » lorsqu'on soulève les fouets. Ajoutez du colorant alimentaire.

Ajoutez un tiers de mélange poudre d'amandes-sucre glace, mélangez à la spatule pour assouplir la masse. Ajoutez le restant de poudre et mélangez délicatement à la spatule en soulevant la masse, en raclant bien les bords et le fond. Mélangez suffisamment pour lisser la pâte mais sans la liquéfier pour qu'elle ne s'étale pas trop.

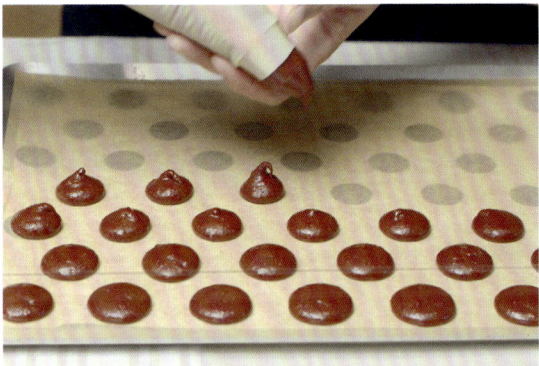 

Remplissez une poche munie d'une douille de 8 mm et dressez les macarons sur une plaque de cuisson couverte de papier sulfurisé. Espacez-les suffisamment et décalez les rangées en quinconce pour uniformiser le passage de la chaleur. Tapez avec le plat de la main sous la plaque pour uniformiser les macarons et chasser les bulles d'air. Laissez croûter (sécher) 30 minutes.

Placez au four pour 15 minutes à 150 °C (th. 5). Retournez la plaque à mi-cuisson. Sortez les macarons du four, faites glisser la feuille de papier sulfurisé avec les coques sur le plan de travail et laissez-les refroidir complètement avant de les décoller.

Macarons à l'abricot

Préparation : 1 heure • Repos : 24 heures • Cuisson : 45 minutes • Difficulté : ★★ Budget : ★

Mixez le sucre glace et la poudre d'amandes pour obtenir une poudre très fine. Montez les blancs d'œufs en neige avec une pincée de sucre. Quand le mélange commence à mousser, ajoutez petit à petit le sucre. Lorsque tout le sucre est incorporé, augmentez doucement la vitesse du batteur et fouettez jusqu'à l'obtention d'une belle meringue qui forme « un bec d'oiseau » lorsqu'on soulève les fouets. Ajoutez le colorant à la préparation.

Ajoutez un tiers de mélange poudre d'amandes-sucre glace, mélangez à la spatule pour assouplir la masse. Ajoutez le restant de poudre et mélangez délicatement à la spatule en soulevant la masse, en raclant bien les bords et le fond. Mélangez suffisamment pour lisser la pâte mais sans la liquéfier pour qu'elle ne s'étale pas trop.

Remplissez une poche munie d'une douille de 8 mm et dressez les macarons sur 2 plaques de cuisson superposées et couvertes de papier sulfurisé. Espacez-les suffisamment et décalez les rangées en quinconce pour uniformiser le passage de la chaleur. Tapez avec le plat de la main sous la plaque pour uniformiser les macarons et chasser les bulles d'air. Laissez croûter (sécher) 30 minutes.

Placez au four pour 15 minutes à 150 °C (th. 5). Retournez la plaque à mi-cuisson. Sortez les macarons du four, faites glisser la feuille de papier sulfurisé avec les coques sur le plan de travail et laissez-les refroidir complètement avant de les décoller.

Coupez les abricots en morceaux, placez-les dans une casserole avec 20 cl d'eau et le sucre gélifiant. Laissez mijoter 25 à 30 minutes à feu doux en remuant régulièrement. Mixez en purée fine.

Laissez refroidir à température ambiante et Garnissez les macarons à l'aide d'une poche à douille. Réservez 24 heures au frais.

Pour 30 macarons

Pour les coques
- 200 g de sucre glace
- 110 g de poudre d'amandes
- 95 g de blancs d'œufs
- 30 g de sucre
- Colorant alimentaire orange

Pour la garniture
- 300 g d'abricots secs
- 1 cuil. à soupe de sucre gélifiant à confiture

Macarons à l'ananas

Préparation : 1 heure • Repos : 24 heures • Cuisson : 39 minutes • Difficulté : ★★ Budget : ★

Mixez le sucre glace et la poudre d'amandes pour obtenir une poudre très fine. Montez les blancs d'œufs en neige avec une pincée de sucre. Quand le mélange commence à mousser, ajoutez petit à petit le sucre. Lorsque tout le sucre est incorporé, augmentez doucement la vitesse du batteur et fouettez jusqu'à l'obtention d'une belle meringue qui forme « un bec d'oiseau » lorsqu'on soulève les fouets. Ajoutez le colorant jaune à la préparation.

Ajoutez un tiers de mélange poudre d'amandes-sucre glace, mélangez à la spatule pour assouplir la masse. Ajoutez le restant de poudre et mélangez délicatement à la spatule en soulevant la masse, en raclant bien les bords et le fond. Mélangez suffisamment pour lisser la pâte mais sans la liquéfier pour qu'elle ne s'étale pas trop.

Remplissez une poche munie d'une douille de 8 mm et dressez les macarons sur 2 plaques de cuisson superposées et couvertes de papier sulfurisé. Espacez-les suffisamment et décalez les rangées en quinconce pour uniformiser le passage de la chaleur. Tapez avec le plat de la main sous la plaque pour uniformiser les macarons et chasser les bulles d'air. Laissez croûter (sécher) 30 minutes.

Placez au four pour 15 minutes à 150 °C (th. 5). Retournez la plaque à mi-cuisson. Sortez les macarons du four, faites glisser la feuille de papier sulfurisé avec les coques sur le plan de travail et laissez-les refroidir complètement avant de les décoller.

Réduisez l'ananas en purée à l'aide d'un mixeur. Mettez cette purée dans une casserole avec le sucre gélifiant et laissez compoter à feu doux 25 minutes. Laissez refroidir.

Battez le beurre en pommade avec un fouet électrique et ajoutez petit à petit la purée d'ananas.

Garnissez les macarons à l'aide d'une poche à douille. À l'aide d'un pinceau, passez un peu de poudre cuivrée sur les coques et réservez 24 heures au frais.

Pour 30 macarons

Pour les coques
+ 200 g de sucre glace
+ 110 g de poudre d'amandes
+ 95 g de blancs d'œufs
+ 30 g de sucre
+ Colorant alimentaire jaune
+ Poudre cuivrée

Pour la garniture
+ 150 g d'ananas au sirop
+ 50 g de sucre gélifiant à confiture
+ 100 g de beurre

Macarons à l'anis

Préparation : 1 heure • Repos : 25 heures • Cuisson : 15 minutes • Difficulté : ★★ Budget : ★

Mixez le sucre glace et la poudre d'amandes pour obtenir une poudre très fine. Montez les blancs d'œufs en neige avec une pincée de sucre. Quand le mélange commence à mousser, ajoutez petit à petit le sucre. Lorsque tout le sucre est incorporé, augmentez doucement la vitesse du batteur et fouettez jusqu'à l'obtention d'une belle meringue qui forme « un bec d'oiseau » lorsqu'on soulève les fouets. Ajoutez une pointe de colorant vert à la préparation.

Ajoutez un tiers de mélange poudre d'amandes-sucre glace, mélangez à la spatule pour assouplir la masse. Ajoutez le restant de poudre et mélangez délicatement à la spatule en soulevant la masse, en raclant bien les bords et le fond. Mélangez suffisamment pour lisser la pâte mais sans la liquéfier pour qu'elle ne s'étale pas trop.

Remplissez une poche munie d'une douille de 8 mm et dressez les macarons sur 2 plaques de cuisson superposées et couvertes de papier sulfurisé. Espacez-les suffisamment et décalez les rangées en quinconce pour uniformiser le passage de la chaleur. Tapez avec le plat de la main sous la plaque pour uniformiser les macarons et chasser les bulles d'air. Laissez croûter (sécher) 30 minutes.

Placez au four pour 15 minutes à 150 °C (th. 5). Retournez la plaque à mi-cuisson. Sortez les macarons du four, faites glisser la feuille de papier sulfurisé avec les coques sur le plan de travail et laissez-les refroidir complètement avant de les décoller.

Laissez infuser l'anis dans le lait pendant 1 heure. Faites chauffer le lait dans une casserole avec l'anis vert. Mélangez l'œuf et le sucre jusqu'à ce que le mélange blanchisse. Ajoutez la Maïzena et versez le lait bouillant dessus. Faites épaissir le tout à feu doux. Laissez refroidir à température ambiante recouvert de film alimentaire. Battez le beurre en pommade avec un fouet électrique et ajoutez petit à petit la crème.

Garnissez les macarons à l'aide d'une poche à douille et réservez 24 heures au frais.

Pour 30 macarons

Pour les coques
- 200 g de sucre glace
- 110 g de poudre d'amandes
- 95 g de blancs d'œufs
- 30 g de sucre
- Colorant alimentaire vert

Pour la garniture
- 1 cuil. à café d'anis vert
- 10 cl de lait
- 1 œuf
- 20 g de sucre
- 10 g de Maïzena
- 100 g de beurre

Conseil : vous pouvez remplacer l'anis vert par du sirop d'anis.

Macarons à l'avocat

Préparation : 1 heure • Repos : 24 heures • Cuisson : 14 minutes • Difficulté : ★★ Budget : ★

Mixez le sucre glace et la poudre d'amandes pour obtenir une poudre très fine. Montez les blancs d'œufs en neige avec une pincée de sucre. Quand le mélange commence à mousser, ajoutez petit à petit le sucre. Lorsque tout le sucre est incorporé, augmentez doucement la vitesse du batteur et fouettez jusqu'à l'obtention d'une belle meringue qui forme « un bec d'oiseau » lorsqu'on soulève les fouets. Ajoutez le colorant vert à la préparation.

Ajoutez un tiers de mélange poudre d'amandes-sucre glace, mélangez à la spatule pour assouplir la masse. Ajoutez le restant de poudre et mélangez délicatement à la spatule en soulevant la masse, en raclant bien les bords et le fond. Mélangez suffisamment pour lisser la pâte mais sans la liquéfier pour qu'elle ne s'étale pas trop.

Remplissez une poche munie d'une douille de 8 mm et dressez les macarons sur 2 plaques de cuisson superposées et couvertes de papier sulfurisé. Espacez-les suffisamment et décalez les rangées en quinconce pour uniformiser le passage de la chaleur. Tapez avec le plat de la main sous la plaque pour uniformiser les macarons et chasser les bulles d'air. Laissez croûter (sécher) 30 minutes.

Placez au four pour 15 minutes à 150 °C (th. 5). Retournez la plaque à mi-cuisson. Sortez les macarons du four, faites glisser la feuille de papier sulfurisé avec les coques sur le plan de travail et laissez-les refroidir complètement avant de les décoller.

Mixez la chair des avocats en purée fine, ajoutez le jus de citron et le sucre. Portez la crème liquide à ébullition et ajoutez la gélatine ramollie dans de l'eau froide. Mélangez la crème et la purée d'avocat et laissez refroidir à température ambiante.

Garnissez les macarons à l'aide d'une poche à douille et réservez 24 heures au frais.

Pour 30 macarons

Pour les coques
- 200 g de sucre glace
- 110 g de poudre d'amandes
- 95 g de blancs d'œufs
- 30 g de sucre
- Colorant alimentaire vert

Pour la garniture
- 2 avocats
- Le jus de 1 citron
- 2 cuil. à soupe de sucre
- 9 cl de crème liquide entière
- 2 g de gélatine

Conseil : vous pouvez remplacer la gélatine par 1 g d'agar-agar.

Macarons à l'huile d'olive

Préparation : 1 heure • Repos : 24 heures • Cuisson : 14 minutes • Difficulté : ★★ Budget : ★

Mixez le sucre glace et la poudre d'amandes pour obtenir une poudre très fine. Montez les blancs d'œufs en neige avec une pincée de sucre. Quand le mélange commence à mousser, ajoutez petit à petit le sucre. Lorsque tout le sucre est incorporé, augmentez doucement la vitesse du batteur et fouettez jusqu'à l'obtention d'une belle meringue qui forme « un bec d'oiseau » lorsqu'on soulève les fouets. Ajoutez le colorant vert à la préparation.

Ajoutez un tiers de mélange poudre d'amandes-sucre glace, mélangez à la spatule pour assouplir la masse. Ajoutez le restant de poudre et mélangez délicatement à la spatule en soulevant la masse, en raclant bien les bords et le fond. Mélangez suffisamment pour lisser la pâte mais sans la liquéfier pour qu'elle ne s'étale pas trop.

Remplissez une poche munie d'une douille de 8 mm et dressez les macarons sur 2 plaques de cuisson superposées et couvertes de papier sulfurisé. Espacez-les suffisamment et décalez les rangées en quinconce pour uniformiser le passage de la chaleur. Tapez avec le plat de la main sous la plaque pour uniformiser les macarons et chasser les bulles d'air. Laissez croûter (sécher) 30 minutes.

Placez au four pour 15 minutes à 150 °C (th. 5). Retournez la plaque à mi-cuisson. Sortez les macarons du four, faites glisser la feuille de papier sulfurisé avec les coques sur le plan de travail et laissez-les refroidir complètement avant de les décoller.

Faites chauffer le lait dans une casserole. Mélangez l'œuf et les sucres jusqu'à blanchissement du mélange. Ajoutez la Maïzena et versez dessus le lait bouillant. Faites épaissir le tout à feu doux, puis laissez refroidir à température ambiante, recouvert d'un film alimentaire. Battez le beurre en pommade et ajoutez petit à petit la crème et l'huile d'olive.

Garnissez les macarons à l'aide d'une poche à douille, puis réservez 24 heures au frais.

Pour 30 macarons

Pour les coques
- 200 g de sucre glace
- 110 g de poudre d'amandes
- 95 g de blancs d'œufs
- 30 g de sucre
- Colorant alimentaire vert

Pour la garniture
- 10 cl de lait
- 1 œuf
- 20 g de sucre
- 1 sachet de sucre vanillé
- 10 g de Maïzena
- 100 g de beurre
- 1 cuil. à soupe d'huile d'olive

Conseil : jouez sur la quantité d'huile d'olive selon vos goûts.

Macarons à la banane

Préparation : 1 heure • Repos : 24 heures • Cuisson : 30 minutes • Difficulté : ★★ Budget : ★

Préparez les coques : mixez le sucre glace et la poudre d'amandes pour obtenir une poudre très fine. Montez les blancs d'œufs en neige avec une pincée de sucre. Quand le mélange commence à mousser, ajoutez petit à petit le sucre. Lorsque tout le sucre est incorporé, augmentez doucement la vitesse du batteur et fouettez jusqu'à l'obtention d'une belle meringue qui forme « un bec d'oiseau » lorsqu'on soulève les fouets. Ajoutez du colorant alimentaire jaune.

Ajoutez un tiers de mélange poudre d'amandes-sucre glace, mélangez à la spatule pour assouplir la masse. Ajoutez le restant de poudre et mélangez délicatement à la spatule en soulevant la masse, en raclant bien les bords et le fond. Mélangez suffisamment pour lisser la pâte mais sans la liquéfier pour qu'elle ne s'étale pas trop.

Remplissez une poche munie d'une douille de 8 mm et dressez les macarons sur 2 plaques de cuisson superposées et couvertes de papier sulfurisé. Espacez-les suffisamment et décalez les rangées en quinconce pour uniformiser le passage de la chaleur. Tapez avec le plat de la main sous les plaques pour uniformiser les macarons et chasser les bulles d'air. Saupoudrez-les d'un peu de cacao. Laissez croûter (sécher) 30 minutes.

Placez au four pour 15 minutes à 150 °C (th. 5). Retournez les plaques à mi-cuisson. Sortez les macarons du four, faites glisser les feuilles de papier sulfurisé avec les coques sur le plan de travail et laissez-les refroidir complètement avant de les décoller.

Préparez la garniture : épluchez et coupez les bananes en deux dans le sens de la longueur. Faites fondre le beurre dans une poêle, placez les bananes et saupoudrez-les de sucre vanillé. Faites dorer les bananes sur les 2 faces et laissez cuire jusqu'à ce qu'elles soient très fondantes. Mettez la gélatine à ramollir dans de l'eau froide puis essorez-la et faites-la fondre 10 secondes au four à micro-ondes. Ajoutez la crème anglaise tempérée.

Mixez les bananes, ajoutez la crème anglaise, mélangez bien et laissez commencer à gélifier. Garnissez les macarons à l'aide d'une poche à douille et réservez 24 heures au frais avant de déguster.

Pour 40 macarons

Pour les coques
- 200 g de sucre glace
- 110 g de poudre d'amandes
- 95 g de blancs d'œufs
- 30 g de sucre
- Colorant alimentaire jaune
- 1 cuil. à café de cacao en poudre

Pour la garniture
- 3 bananes
- 20 g de beurre
- 1 sachet de sucre vanillé
- 2 feuilles de gélatine
- 4 cuil. à soupe de crème anglaise

Macarons à la barbapapa

Préparation : 1 heure • Repos : 24 heures • Cuisson : 25 minutes • Difficulté : ★★ Budget : ★

Mixez le sucre glace et la poudre d'amandes pour obtenir une poudre très fine. Montez les blancs d'œufs en neige avec une pincée de sucre. Quand le mélange commence à mousser, ajoutez petit à petit le sucre. Lorsque tout le sucre est incorporé, augmentez doucement la vitesse du batteur et fouettez jusqu'à l'obtention d'une belle meringue qui forme « un bec d'oiseau » lorsqu'on soulève les fouets. Ajoutez du colorant alimentaire rouge.

Ajoutez un tiers de mélange poudre d'amandes-sucre glace, mélangez à la spatule pour assouplir la masse. Ajoutez le restant de poudre et mélangez délicatement à la spatule en soulevant la masse, en raclant bien les bords et le fond. Mélangez suffisamment pour lisser la pâte mais sans la liquéfier pour qu'elle ne s'étale pas trop.

Remplissez une poche munie d'une douille de 8 mm et dressez les macarons sur une plaque de cuisson couverte de papier sulfurisé. Espacez-les suffisamment et décalez les rangées en quinconce pour uniformiser le passage de la chaleur. Tapez avec le plat de la main sous la plaque pour uniformiser les macarons et chasser les bulles d'air. Laissez croûter (sécher) 30 minutes.

Placez au four pour 15 minutes à 150 °C (th. 5). Retournez la plaque à mi-cuisson. Sortez les macarons du four, faites glisser la feuille de papier sulfurisé avec les coques sur le plan de travail et laissez-les refroidir complètement avant de les décoller.

Faites fondre les Carambar dans le lait jusqu'à l'obtention d'une crème homogène. Laissez refroidir à température ambiante. Battez le beurre en pommade et ajoutez la crème au Carambar petit à petit.

Garnissez les macarons à l'aide d'une poche à douille et réservez 24 heures au frais.

Pour 30 macarons

Pour les coques
+ 200 g de sucre glace
+ 110 g de poudre d'amandes
+ 95 g de blancs d'œufs
+ 30 g de sucre
+ Colorant alimentaire rouge

Pour la garniture
+ 100 g de Carambar à la barbapapa
+ 10 cl de lait
+ 100 g de beurre

Macarons à la bergamote

Préparation : 1 heure • Repos : 24 heures • Cuisson : 20 minutes • Difficulté : ★★ Budget : ★★

Mixez le sucre glace et la poudre d'amandes pour obtenir une poudre très fine. Montez les blancs d'œufs en neige avec une pincée de sucre. Quand le mélange commence à mousser, ajoutez petit à petit le sucre. Lorsque tout le sucre est incorporé, augmentez doucement la vitesse du batteur et fouettez jusqu'à l'obtention d'une belle meringue qui forme « un bec d'oiseau » lorsqu'on soulève les fouets. Ajoutez du colorant alimentaire.

Ajoutez un tiers de mélange poudre d'amandes-sucre glace, mélangez à la spatule pour assouplir la masse. Ajoutez le restant de poudre et mélangez délicatement à la spatule en soulevant la masse, en raclant bien les bords et le fond. Mélangez suffisamment pour lisser la pâte mais sans la liquéfier pour qu'elle ne s'étale pas trop.

Remplissez une poche munie d'une douille de 8 mm et dressez les macarons sur 2 plaques de cuisson superposées et couvertes de papier sulfurisé. Espacez-les suffisamment et décalez les rangées en quinconce pour uniformiser le passage de la chaleur. Tapez avec le plat de la main sous les plaques pour uniformiser les macarons et chasser les bulles d'air. Laissez croûter (sécher) 30 minutes. Placez au four pour 15 minutes à 150 °C (th. 5). Retournez les plaques à mi-cuisson. Sortez les macarons du four, faites glisser les feuilles de papier sulfurisé avec les coques sur le plan de travail et laissez-les refroidir complètement avant de les décoller.

Portez le lait à ébullition et faites infuser le thé 10 minutes. Mélangez l'œuf et le sucre jusqu'à ce que le mélange blanchisse. Ajoutez la Maïzena et versez dessus le lait bouillant. Faites épaissir le tout à feu doux.

Battez le beurre en pommade avec un fouet électrique et ajoutez petit à petit la crème à la bergamote. Ajoutez quelques gouttes d'huile essentielle de bergamote. Garnissez les macarons à l'aide d'une poche à douille. Réservez 24 heures au réfrigérateur avant de déguster.

Pour 40 macarons

Pour les coques
- 200 g de sucre glace
- 110 g de poudre d'amandes
- 95 g de blancs d'œufs
- 30 g de sucre
- Colorant alimentaire crème

Pour la garniture
- 10 cl de lait
- 1 sachet de thé à la bergamote
- 1 œuf
- 20 g de sucre
- 10 g de Maïzena
- 100 g de beurre
- Huile essentielle de bergamote

Macarons à la betterave et au chèvre

Préparation : 45 minutes • Cuisson : 15 minutes • Difficulté : ★ Budget : ★

Mixez le sucre glace et la poudre d'amandes pour obtenir une poudre très fine. Montez les blancs d'œufs en neige avec une pincée de sucre. Quand le mélange commence à mousser, ajoutez petit à petit le sucre. Lorsque tout le sucre est incorporé, augmentez doucement la vitesse du batteur et fouettez jusqu'à l'obtention d'une belle meringue qui forme « un bec d'oiseau » lorsqu'on soulève les fouets. Ajoutez du colorant alimentaire rouge.

Ajoutez un tiers de mélange poudre d'amandes-sucre glace, mélangez à la spatule pour assouplir la masse. Ajoutez le restant de poudre et mélangez délicatement à la spatule en soulevant la masse, en raclant bien les bords et le fond. Mélangez suffisamment pour lisser la pâte mais sans la liquéfier pour qu'elle ne s'étale pas trop.

Remplissez une poche munie d'une douille de 8 mm et dressez les macarons sur 2 plaques de cuisson superposées et couvertes de papier sulfurisé. Espacez-les suffisamment et décalez les rangées en quinconce pour uniformiser le passage de la chaleur. Tapez avec le plat de la main sous les plaques pour uniformiser les macarons et chasser les bulles d'air. Laissez croûter (sécher) 30 minutes.

Placez au four pour 15 minutes à 150 °C (th. 5). Retournez les plaques à mi-cuisson. Sortez les macarons du four, faites glisser les feuilles de papier sulfurisé avec les coques sur le plan de travail et laissez-les refroidir complètement avant de les décoller.

Hachez les betteraves finement. Ajoutez le fromage de chèvre et la ciboulette afin d'obtenir un mélange épais. Garnissez les macarons et dégustez aussitôt.

Pour 40 macarons

Pour les coques
+ 200 g de sucre glace
+ 110 g de poudre d'amandes
+ 95 g de blancs d'œufs
+ 30 g de sucre
+ Colorant alimentaire rouge

Pour la garniture
+ 300 g de betteraves cuites
+ 80 g de chèvre frais
+ ½ cuil. à café de ciboulette

Conseil : il est recommandé de déguster les macarons dans la journée, avant qu'ils ne ramollissent.

Macarons à la cerise noire

Préparation : 1 heure • Repos : 24 heures • Cuisson : 30 minutes • Difficulté : ★★ Budget : ★★

Préparez les coques : mixez le sucre glace et la poudre d'amandes pour obtenir une poudre très fine. Montez les blancs d'œufs en neige avec une pincée de sucre. Quand le mélange commence à mousser, ajoutez petit à petit le sucre. Lorsque tout le sucre est incorporé, augmentez doucement la vitesse du batteur et fouettez jusqu'à l'obtention d'une belle meringue qui forme « un bec d'oiseau » lorsqu'on soulève les fouets. Ajoutez du colorant alimentaire rouge.

Ajoutez un tiers de mélange poudre d'amandes-sucre glace, mélangez à la spatule pour assouplir la masse. Ajoutez le restant de poudre et mélangez délicatement à la spatule en soulevant la masse, en raclant bien les bords et le fond. Mélangez suffisamment pour lisser la pâte mais sans la liquéfier pour qu'elle ne s'étale pas trop.

Remplissez une poche munie d'une douille de 8 mm et dressez les macarons sur 2 plaques de cuisson superposées et couvertes de papier sulfurisé. Espacez-les suffisamment et décalez les rangées en quinconce pour uniformiser le passage de la chaleur. Tapez avec le plat de la main sous les plaques pour uniformiser les macarons et chasser les bulles d'air. Laissez croûter (sécher) 30 minutes.

Placez au four pendant 15 minutes à 150 °C (th. 5). Retournez les plaques à mi-cuisson. Sortez les macarons du four, faites glisser les feuilles de papier sulfurisé avec les coques sur le plan de travail et laissez-les refroidir complètement avant de les décoller.

Préparez la garniture : lavez et dénoyautez les cerises. Placez-les dans une casserole avec le sucre et mettez à cuire 15 minutes en mélangeant régulièrement. Mixez les cerises puis ajoutez les feuilles de gélatine préalablement ramollies dans l'eau froide et essorées. Laissez refroidir puis Garnissez les macarons à l'aide d'une poche à douille. Réservez 24 heures au réfrigérateur avant de déguster.

Pour 40 macarons

Pour les coques
- 200 g de sucre glace
- 110 g de poudre d'amandes
- 95 g de blancs d'œufs
- 30 g de sucre
- Colorant alimentaire rouge

Pour la garniture
- 300 g de cerises noires
- 30 g de sucre
- 2 feuilles de gélatine

Macarons à la chicorée

Préparation : 1 heure • Repos : 24 heures • Cuisson : 20 minutes • Difficulté : ★★ Budget : ★

Mixez le sucre glace et la poudre d'amandes pour obtenir une poudre très fine. Montez les blancs d'œufs en neige avec une pincée de sucre. Quand le mélange commence à mousser, ajoutez petit à petit le sucre. Lorsque tout le sucre est incorporé, augmentez doucement la vitesse du batteur et fouettez jusqu'à l'obtention d'une belle meringue qui forme « un bec d'oiseau » lorsqu'on soulève les fouets. Ajoutez une pointe de colorant brun à la préparation. Pochez la pâte pour former des macarons allongés de 6 cm.

Ajoutez un tiers de mélange poudre d'amandes-sucre glace, mélangez à la spatule pour assouplir la masse. Ajoutez le restant de poudre et mélangez délicatement à la spatule en soulevant la masse, en raclant bien les bords et le fond. Mélangez suffisamment pour lisser la pâte mais sans la liquéfier pour qu'elle ne s'étale pas trop.

Remplissez une poche munie d'une douille de 8 mm et dressez les macarons allongés de 6 cm sur une plaque de cuisson couverte de papier sulfurisé. Espacez-les suffisamment et décalez les rangées en quinconce pour uniformiser le passage de la chaleur. Tapez avec le plat de la main sous la plaque pour uniformiser les macarons et chasser les bulles d'air. Laissez croûter (sécher) 30 minutes.

Placez au four pour 15 minutes à 150 °C (th. 5). Retournez la plaque à mi-cuisson. Sortez les macarons du four, faites glisser la feuille de papier sulfurisé avec les coques sur le plan de travail et laissez-les refroidir complètement avant de les décoller.

Portez le lait et la chicorée à ébullition. Battez l'œuf et le sucre pour que le mélange blanchisse. Ajoutez la Maïzena et versez dessus le lait bouillant. Faites épaissir la crème à feu doux. Laissez refroidir à température ambiante recouvert de film alimentaire au contact de la crème.

Battez le beurre en pommade et ajoutez petit à petit la crème.

Garnissez les macarons à l'aide d'une poche à douille et réservez 24 heures au frais.

Pour 15 macarons allongés ou 30 ronds

Pour les coques
+ 200 g de sucre glace
+ 110 g de poudre d'amandes
+ 95 g de blancs d'œufs
+ 30 g de sucre
+ Colorant alimentaire brun

Pour la garniture
+ 10 cl de lait
+ 1 cuil. à soupe de chicorée liquide
+ 1 œuf
+ 20 g de sucre
+ 10 g de Maïzena
+ 100 g de beurre

Macarons à la clémentine

Préparation : 1 heure • Repos : 24 heures • Cuisson : 20 minutes • Difficulté : ★ Budget : ★

Mixez le sucre glace et la poudre d'amandes pour obtenir une poudre très fine. Montez les blancs d'œufs en neige avec une pincée de sucre. Quand le mélange commence à mousser, ajoutez petit à petit le sucre. Lorsque tout le sucre est incorporé, augmentez doucement la vitesse du batteur et fouettez jusqu'à l'obtention d'une belle meringue qui forme « un bec d'oiseau » lorsqu'on soulève les fouets. Ajoutez du colorant jaune et une pointe de rouge.

Ajoutez un tiers de mélange poudre d'amandes-sucre glace, mélangez à la spatule pour assouplir la masse. Ajoutez le restant de poudre et mélangez délicatement à la spatule en soulevant la masse, en raclant bien les bords et le fond. Mélangez suffisamment pour lisser la pâte mais sans la liquéfier pour qu'elle ne s'étale pas trop.

Remplissez une poche munie d'une douille de 8 mm et dressez les macarons sur une plaque de cuisson couverte de papier sulfurisé. Espacez-les suffisamment et décalez les rangées en quinconce pour uniformiser le passage de la chaleur. Tapez avec le plat de la main sous la plaque pour uniformiser les macarons et chasser les bulles d'air. Laissez croûter (sécher) 30 minutes.

Placez au four pendant 15 minutes à 150 °C (th. 5). Retournez la plaque à mi-cuisson. Sortez les macarons du four, faites glisser la feuille de papier sulfurisé avec les coques sur le plan de travail et laissez-les refroidir complètement avant de les décoller.

Dans un saladier en métal type « cul-de-poule », mélangez l'œuf, 2,5 cl de jus de clémentine, le zeste de 1 clémentine, le sucre et 30 g de beurre. À l'aide d'un fouet, mélangez la crème au bain-marie sans arrêter jusqu'à épaississement. Laissez refroidir à température ambiante.

Fouettez le restant de beurre tempéré en pommade à l'aide d'un batteur électrique et ajoutez petit à petit la crème à la clémentine. Déposez une noix de crème sur la moitié des coques à l'aide d'une poche à douille et fermez les macarons.

Placez-les 24 heures au réfrigérateur avant de déguster.

Pour 30 macarons

Pour les coques
- 200 g de sucre glace
- 110 g de poudre d'amandes
- 95 g de blancs d'œufs
- 30 g de sucre
- Colorant alimentaire jaune
- Colorant alimentaire rouge

Pour la crème
- 1 œuf
- 1 clémentine (non traitées)
- 30 g de sucre
- 100 g de beurre

Macarons à la confiture de lait

Préparation : 1 heure • Repos : 24 heures • Cuisson : 1 heure • Difficulté : ★★ Budget : ★

Mixez le sucre glace et la poudre d'amandes pour obtenir une poudre très fine. Montez les blancs d'œufs en neige avec une pincée de sucre. Quand le mélange commence à mousser, ajoutez petit à petit le sucre. Lorsque tout le sucre est incorporé, augmentez doucement la vitesse du batteur et fouettez jusqu'à l'obtention d'une belle meringue qui forme « un bec d'oiseau » lorsqu'on soulève les fouets. Ajoutez le colorant brun à la préparation.

Ajoutez un tiers de mélange poudre d'amandes-sucre glace, mélangez à la spatule pour assouplir la masse. Ajoutez le restant de poudre et mélangez délicatement à la spatule en soulevant la masse, en raclant bien les bords et le fond. Mélangez suffisamment pour lisser la pâte mais sans la liquéfier pour qu'elle ne s'étale pas trop.

Remplissez une poche munie d'une douille de 8 mm et dressez les macarons sur une plaque de cuisson couverte de papier sulfurisé. Espacez-les suffisamment et décalez les rangées en quinconce pour uniformiser le passage de la chaleur. Tapez avec le plat de la main sous la plaque pour uniformiser les macarons et chasser les bulles d'air. Laissez croûter (sécher) 30 minutes.

Placez au four pour 15 minutes à 150 °C (th. 5). Retournez la plaque à mi-cuisson. Sortez les macarons du four, faites glisser la feuille de papier sulfurisé avec les coques sur le plan de travail et laissez-les refroidir complètement avant de les décoller.

Faites bouillir, dans une cocotte-minute, la boîte de lait concentré sucré fermée placée au bain-marie pendant 45 minutes. Laissez-la tiédir, ouvrez la boîte, prélevez 200 g et ajoutez le beurre. Mélangez bien pour que le beurre fonde totalement et que le mélange devienne homogène. Laissez-la refroidir à température ambiante et Garnissez les macarons à l'aide d'une poche à douille. Réservez 24 heures au frais.

Conseil : si votre confiture est trop liquide, faites-la épaissir dans une casserole à feu doux en mélangeant constamment. Conservez le restant de confiture de lait dans un bocal en verre au réfrigérateur. Vous pourrez l'utiliser pour d'autres desserts ou la déguster telle quelle sur du pain.

Pour 30 macarons

Pour les coques
- 200 g de sucre glace
- 110 g de poudre d'amandes
- 95 g de blancs d'œufs
- 30 g de sucre
- Colorant alimentaire brun

Pour la garniture
- 500 g de lait concentré sucré
- 60 g de beurre

Macarons à la crème de marrons

Préparation : 45 minutes • Repos : 24 heures • Cuisson : 15 minutes • Difficulté : ★ Budget : ★★★

Mixez le sucre glace et la poudre d'amandes pour obtenir une poudre très fine. Montez les blancs d'œufs en neige avec une pincée de sucre. Quand le mélange commence à mousser, ajoutez petit à petit le sucre. Lorsque tout le sucre est incorporé, augmentez doucement la vitesse du batteur et fouettez jusqu'à l'obtention d'une belle meringue qui forme « un bec d'oiseau » lorsqu'on soulève les fouets. Ajoutez une pointe de colorant brun à la meringue italienne.

Ajoutez un tiers de mélange poudre d'amandes-sucre glace, mélangez à la spatule pour assouplir la masse. Ajoutez le restant de poudre et mélangez délicatement à la spatule en soulevant la masse, en raclant bien les bords et le fond. Mélangez suffisamment pour lisser la pâte mais sans la liquéfier pour qu'elle ne s'étale pas trop.

Remplissez une poche munie d'une douille de 8 mm et dressez les macarons sur une plaque de cuisson couverte de papier sulfurisé. Espacez-les suffisamment et décalez les rangées en quinconce pour uniformiser le passage de la chaleur. Tapez avec le plat de la main sous la plaque pour uniformiser les macarons et chasser les bulles d'air. Laissez croûter (sécher) 30 minutes.

Placez au four pour 15 minutes à 150 °C (th. 5). Retournez la plaque à mi-cuisson. Sortez les macarons du four, faites glisser la feuille de papier sulfurisé avec les coques sur le plan de travail et laissez-les refroidir complètement avant de les décoller.

Versez la crème de marrons dans un grand bol et fouettez-la au batteur électrique, jusqu'à ce qu'elle éclaircisse et augmente de volume.

Ajoutez les marrons glacés coupés en petits morceaux.

Garnissez de crème les macarons à l'aide d'une poche à douille.

Placez-les 24 heures au réfrigérateur avant de déguster.

Pour 30 macarons

Pour les coques
- 200 g de sucre glace
- 110 g de poudre d'amandes
- 95 g de blancs d'œufs
- 30 g de sucre
- Colorant alimentaire brun

Pour la crème
- 200 g de crème de marrons
- 50 g de marrons glacés

Macarons à la fève tonka

Préparation : 1 h 15 • Repos : 2 heures • Cuisson : 20 minutes • Difficulté : ★ Budget : ★★

Mixez le sucre glace et la poudre d'amandes pour obtenir une poudre très fine. Montez les blancs d'œufs en neige avec une pincée de sucre. Quand le mélange commence à mousser, ajoutez petit à petit le sucre. Lorsque tout le sucre est incorporé, augmentez doucement la vitesse du batteur et fouettez jusqu'à l'obtention d'une belle meringue qui forme « un bec d'oiseau » lorsqu'on soulève les fouets.

Ajoutez un tiers de mélange poudre d'amandes-sucre glace, mélangez à la spatule pour assouplir la masse. Ajoutez le restant de poudre et mélangez délicatement à la spatule en soulevant la masse, en raclant bien les bords et le fond. Mélangez suffisamment pour lisser la pâte mais sans la liquéfier pour qu'elle ne s'étale pas trop.

Remplissez une poche munie d'une douille de 8 mm et dressez les macarons sur une plaque de cuisson couverte de papier sulfurisé. Espacez-les suffisamment et décalez les rangées en quinconce pour uniformiser le passage de la chaleur. Tapez avec le plat de la main sous la plaque pour uniformiser les macarons et chasser les bulles d'air. Laissez croûter (sécher) 30 minutes.

Placez au four pour 15 minutes à 150 °C (th. 5). Retournez la plaque à mi-cuisson. Sortez les macarons du four, faites glisser la feuille de papier sulfurisé avec les coques sur le plan de travail et laissez-les refroidir complètement avant de les décoller.

Faites bouillir le lait avec la fève tonka râpée. Mélangez l'œuf et les 20 g de sucre jusqu'à ce que le mélange blanchisse. Ajoutez la Maïzena. Versez dessus le lait bouillant et faites épaissir le tout à feu doux. Laissez refroidir. Battez le beurre en pommade à l'aide d'un fouet électrique et ajoutez petit à petit la crème pâtissière.

Garnissez les macarons à l'aide d'une poche à douille et réservez 24 heures au frais avant de déguster.

Pour 30 macarons

Pour les coques
- 200 g de sucre glace
- 110 g de poudre d'amandes
- 95 g de blancs d'œufs
- 30 g de sucre

Pour la garniture
- 8 cl de lait
- 1 fève tonka
- 1 œuf
- 20 g de sucre
- 10 g de Maïzena
- 70 g de beurre

Conseil : la fève tonka n'est pas encore très connue mais, quand on y goûte, on ne peut plus s'en passer. On lui prête le goût de la vanille, du caramel, de l'amande… on en trouve facilement sur Internet.

Macarons à la figue

Préparation : 1 heure • Repos : 24 heures • Cuisson : 45 minutes • Difficulté : ★★ Budget : ★★

Mixez le sucre glace et la poudre d'amandes pour obtenir une poudre très fine. Montez les blancs d'œufs en neige avec une pincée de sucre. Quand le mélange commence à mousser, ajoutez petit à petit le sucre. Lorsque tout le sucre est incorporé, augmentez doucement la vitesse du batteur et fouettez jusqu'à l'obtention d'une belle meringue qui forme « un bec d'oiseau » lorsqu'on soulève les fouets. Ajoutez les colorants rouge et bleu à la préparation. Saupoudrez les coques de graines de nigelle avant de les mettre au four.

Ajoutez un tiers de mélange poudre d'amandes-sucre glace, mélangez à la spatule pour assouplir la masse. Ajoutez le restant de poudre et mélangez délicatement à la spatule en soulevant la masse, en raclant bien les bords et le fond. Mélangez suffisamment pour lisser la pâte mais sans la liquéfier pour qu'elle ne s'étale pas trop.

Remplissez une poche munie d'une douille de 8 mm et dressez les macarons sur une plaque de cuisson couverte de papier sulfurisé. Espacez-les suffisamment et décalez les rangées en quinconce pour uniformiser le passage de la chaleur. Tapez avec le plat de la main sous la plaque pour uniformiser les macarons et chasser les bulles d'air. Laissez croûter (sécher) 30 minutes.

Placez au four pour 15 minutes à 150 °C (th. 5). Retournez la plaque à mi-cuisson. Sortez les macarons du four, faites glisser la feuille de papier sulfurisé avec les coques sur le plan de travail et laissez-les refroidir complètement avant de les décoller.

Coupez les figues en quatre. Déposez-les dans une casserole avec le sucre et 2 cuil. à soupe d'eau. Laissez-les cuire à feu doux 30 minutes environ en mélangeant de temps en temps. Laissez refroidir.

Garnissez les macarons et réservez 24 heures au frais.

Pour 30 macarons

Pour les coques
+ 200 g de sucre glace
+ 110 g de poudre d'amandes
+ 95 g de blancs d'œufs
+ 30 g de sucre
+ Colorant alimentaire rouge
+ Colorant alimentaire bleu
+ 2 cuil. à soupe de graines de nigelle

Pour la garniture
+ 500 g de figues
+ 4 cuil. à soupe de sucre

Conseil : hors saison, vous pouvez remplacer les figues fraîches par des figues séchées que vous laisserez gonfler plusieurs heures dans de l'eau.

Macarons à la fleur d'oranger

Préparation : 1 heure • Repos : 24 heures • Cuisson : 15 minutes • Difficulté : ★★ Budget : ★★

Mixez le sucre glace et la poudre d'amandes pour obtenir une poudre très fine. Montez les blancs d'œufs en neige avec une pincée de sucre. Quand le mélange commence à mousser, ajoutez petit à petit le sucre. Lorsque tout le sucre est incorporé, augmentez doucement la vitesse du batteur et fouettez jusqu'à l'obtention d'une belle meringue qui forme « un bec d'oiseau » lorsqu'on soulève les fouets. Ajoutez du colorant alimentaire orange.

Ajoutez un tiers de mélange poudre d'amandes-sucre glace, mélangez à la spatule pour assouplir la masse. Ajoutez le restant de poudre et mélangez délicatement à la spatule en soulevant la masse, en raclant bien les bords et le fond. Mélangez suffisamment pour lisser la pâte mais sans la liquéfier pour qu'elle ne s'étale pas trop.

Remplissez une poche munie d'une douille de 8 mm et dressez les macarons sur 2 plaques de cuisson superposées et couvertes de papier sulfurisé. Espacez-les suffisamment et décalez les rangées en quinconce pour uniformiser le passage de la chaleur. Tapez avec le plat de la main sous les plaques pour uniformiser les macarons et chasser les bulles d'air. Laissez croûter (sécher) 30 minutes.

Placez au four pour 15 minutes à 150 °C (th. 5). Retournez les plaques à mi-cuisson. Sortez les macarons du four, faites glisser les feuilles de papier sulfurisé avec les coques sur le plan de travail et laissez-les refroidir complètement avant de les décoller.

Portez le lait à ébullition avec l'eau de fleur d'oranger. Fouettez l'œuf et le sucre jusqu'à ce que le mélange blanchisse. Ajoutez la Maïzena. Versez le lait bouillant et faites épaissir à feu doux. Laissez refroidir.

Battez le beurre en pommade à l'aide d'un fouet électrique et ajoutez petit à petit la crème à la vanille. Garnissez les macarons à l'aide d'une poche à douille et réservez 24 heures au frais avant de déguster.

Pour 40 macarons

Pour les coques
+ 200 g de sucre glace
+ 110 g de poudre d'amandes
+ 95 g de blancs d'œufs
+ 30 g de sucre
+ Colorant alimentaire orange

Pour la garniture
+ 10 cl de lait
+ 2 cuil. à soupe d'eau de fleur d'oranger
+ 1 œuf
+ 20 g de sucre
+ 10 g de Maïzena
+ 100 g de beurre

Macarons à la fraise

Préparation : 1 heure • Repos : 24 heures • Cuisson : 20 minutes • Difficulté : ★★ Budget : ★★

Préparez les coques : mixez le sucre glace et la poudre d'amandes pour obtenir une poudre très fine. Montez les blancs d'œufs en neige avec une pincée de sucre. Quand le mélange commence à mousser, ajoutez petit à petit le sucre. Lorsque tout le sucre est incorporé, augmentez doucement la vitesse du batteur et fouettez jusqu'à l'obtention d'une belle meringue qui forme « un bec d'oiseau » lorsqu'on soulève les fouets. Ajoutez du colorant alimentaire rouge.

Ajoutez un tiers de mélange poudre d'amandes-sucre glace, mélangez à la spatule pour assouplir la masse. Ajoutez le restant de poudre et mélangez délicatement à la spatule en soulevant la masse, en raclant bien les bords et le fond. Mélangez suffisamment pour lisser la pâte mais sans la liquéfier pour qu'elle ne s'étale pas trop.

Remplissez une poche munie d'une douille de 8 mm et dressez les macarons sur 2 plaques de cuisson superposées et couvertes de papier sulfurisé. Espacez-les suffisamment et décalez les rangées en quinconce pour uniformiser le passage de la chaleur. Tapez avec le plat de la main sous les plaques pour uniformiser les macarons et chasser les bulles d'air. Laissez croûter (sécher) 30 minutes.

Placez au four pour 15 minutes à 150 °C (th. 5). Retournez les plaques à mi-cuisson. Sortez les macarons du four, faites glisser les feuilles de papier sulfurisé avec les coques sur le plan de travail et laissez-les refroidir complètement avant de les décoller.

Préparez la garniture : mettez la purée de fraises à chauffer, ajoutez les feuilles de gélatine préalablement ramollies dans l'eau froide et essorées. Ajoutez le chocolat blanc et mélangez jusqu'à ce qu'il soit totalement fondu. Laissez refroidir puis Garnissez les macarons à l'aide d'une poche à douille. Réservez 24 heures au réfrigérateur avant de déguster.

Pour 40 personnes

Pour les coques
+ 200 g de sucre glace
+ 110 g de poudre d'amandes
+ 95 g de blancs d'œufs
+ 30 g de sucre
+ Colorant alimentaire rouge

Pour la garniture
+ 140 g de purée de fraises
+ 2 feuilles de gélatine
+ 120 g de chocolat blanc

Macarons à la framboise

Préparation : 45 minutes • Repos : 24 heures • Cuisson : 20 minutes • Difficulté : ★★ Budget : ★★

Mixez le sucre glace et la poudre d'amandes pour obtenir une poudre très fine. Montez les blancs d'œufs en neige avec une pincée de sucre. Quand le mélange commence à mousser, ajoutez petit à petit le sucre. Lorsque tout le sucre est incorporé, augmentez doucement la vitesse du batteur et fouettez jusqu'à l'obtention d'une belle meringue qui forme « un bec d'oiseau » lorsqu'on soulève les fouets. Ajoutez du colorant rouge.

Ajoutez un tiers de mélange poudre d'amandes-sucre glace, mélangez à la spatule pour assouplir la masse. Ajoutez le restant de poudre et mélangez délicatement à la spatule en soulevant la masse, en raclant bien les bords et le fond. Mélangez suffisamment pour lisser la pâte mais sans la liquéfier pour qu'elle ne s'étale pas trop.

Remplissez une poche munie d'une douille de 8 mm et dressez les macarons sur une plaque de cuisson couverte de papier sulfurisé. Espacez-les suffisamment et décalez les rangées en quinconce pour uniformiser le passage de la chaleur. Tapez avec le plat de la main sous la plaque pour uniformiser les macarons et chasser les bulles d'air. Laissez croûter (sécher) 30 minutes.

Placez au four pour 15 minutes à 150 °C (th. 5). Retournez la plaque à mi-cuisson. Sortez les macarons du four, faites glisser la feuille de papier sulfurisé avec les coques sur le plan de travail et laissez-les refroidir complètement avant de les décoller.

Versez dans une casserole le coulis de framboises, ajoutez le sucre et la gélatine. Portez à ébullition et laissez bouillir 1 minute en mélangeant doucement. Versez dans un bol, laissez refroidir et gélifier.

Une fois le mélange totalement refroidi et formant un bloc, assouplissez-le à la fourchette.

Garnissez les macarons à l'aide d'une poche à douille. Placez-les 24 heures au réfrigérateur avant de déguster.

Pour 30 macarons

Pour les coques
+ 200 g de sucre glace
+ 110 g de poudre d'amandes
+ 95 g de blancs d'œufs
+ 30 g de sucre
+ Colorant alimentaire rouge

Pour la garniture
+ 200 g de coulis de framboises
+ 40 g de sucre gélifiant à confiture
+ 2 feuilles de gélatine

Macarons à la grenadine

Préparation : 1 heure • Repos : 24 heures • Cuisson : 15 minutes • Difficulté : ★★ Budget : ★

Mixez le sucre glace et la poudre d'amandes pour obtenir une poudre très fine. Montez les blancs d'œufs en neige avec une pincée de sucre. Quand le mélange commence à mousser, ajoutez petit à petit le sucre. Lorsque tout le sucre est incorporé, augmentez doucement la vitesse du batteur et fouettez jusqu'à l'obtention d'une belle meringue qui forme « un bec d'oiseau » lorsqu'on soulève les fouets. Ajoutez une pointe de colorant rouge à la préparation. Placez quelques confettis de sucre sur les coques avant de les mettre au four.

Ajoutez un tiers de mélange poudre d'amandes-sucre glace, mélangez à la spatule pour assouplir la masse. Ajoutez le restant de poudre et mélangez délicatement à la spatule en soulevant la masse, en raclant bien les bords et le fond. Mélangez suffisamment pour lisser la pâte mais sans la liquéfier pour qu'elle ne s'étale pas trop.

Remplissez une poche munie d'une douille de 8 mm et dressez les macarons sur une plaque de cuisson couverte de papier sulfurisé. Espacez-les suffisamment et décalez les rangées en quinconce pour uniformiser le passage de la chaleur. Tapez avec le plat de la main sous la plaque pour uniformiser les macarons et chasser les bulles d'air. Laissez croûter (sécher) 30 minutes.

Placez au four pour 15 minutes à 150 °C (th. 5). Retournez la plaque à mi-cuisson. Sortez les macarons du four, faites glisser la feuille de papier sulfurisé avec les coques sur le plan de travail et laissez-les refroidir complètement avant de les décoller.

Battez le beurre en pommade et ajoutez petit à petit la purée de fraises et le sirop de grenadine jusqu'à l'obtention d'une crème onctueuse.

Garnissez les macarons à l'aide d'une poche à douille et réservez 24 heures au frais.

Pour 30 macarons

Pour les coques
+ 200 g de sucre glace
+ 110 g de poudre d'amandes
+ 95 g de blancs d'œufs
+ 30 g de sucre
+ Colorant alimentaire rouge
+ Confettis de sucre

Pour la garniture
+ 100 g de beurre
+ 40 g de purée de fraises
+ 50 g de sirop de grenadine

Macarons à la lavande

Préparation : 2 heures • Repos : 25 heures • Cuisson : 14 minutes • Difficulté : ★★ Budget : ★

Mixez le sucre glace et la poudre d'amandes pour obtenir une poudre très fine. Montez les blancs d'œufs en neige avec une pincée de sucre. Quand le mélange commence à mousser, ajoutez petit à petit le sucre. Lorsque tout le sucre est incorporé, augmentez doucement la vitesse du batteur et fouettez jusqu'à l'obtention d'une belle meringue qui forme « un bec d'oiseau » lorsqu'on soulève les fouets. Faites infuser les fleurs de lavande plusieurs heures dans de l'eau qui après filtration, servira à la réalisation du sirop. Ajoutez le colorant bleu à la meringue.

Faites infuser les fleurs de lavande plusieurs heures dans de l'eau qui, après filtration, servira à la réalisation du sirop.

Ajoutez un tiers de mélange poudre d'amandes-sucre glace, mélangez à la spatule pour assouplir la masse. Ajoutez le restant de poudre et mélangez délicatement à la spatule en soulevant la masse, en raclant bien les bords et le fond. Mélangez suffisamment pour lisser la pâte mais sans la liquéfier pour qu'elle ne s'étale pas trop.

Remplissez une poche munie d'une douille de 8 mm et dressez les macarons sur une plaque de cuisson couverte de papier sulfurisé. Espacez-les suffisamment et décalez les rangées en quinconce pour uniformiser le passage de la chaleur. Tapez avec le plat de la main sous la plaque pour uniformiser les macarons et chasser les bulles d'air. Laissez croûter (sécher) 30 minutes.

Placez au four pour 15 minutes à 150 °C (th. 5). Retournez la plaque à mi-cuisson. Sortez les macarons du four, faites glisser la feuille de papier sulfurisé avec les coques sur le plan de travail et laissez-les refroidir complètement avant de les décoller.

Mélangez le sirop de lavande dans le lait et laissez reposer pendant 1 heure minimum. Portez-le à ébullition. Battez l'œuf et le sucre pour que le mélange blanchisse. Ajoutez la Maïzena et versez dessus le lait bouillant filtré ou non (selon votre goût). Faites épaissir la crème à feu doux. Ajoutez une goutte de colorant bleu. Laissez refroidir à température ambiante recouverte d'un film alimentaire au contact. Battez le beurre en pommade et ajoutez petit à petit la crème. Garnissez les macarons à l'aide d'une poche à douille et réservez 24 heures au frais.

Pour 30 macarons

Pour les coques
- 200 g de sucre glace
- 110 g de poudre d'amandes
- 95 g de blancs d'œufs
- 30 g de sucre
- Colorant alimentaire bleu

Pour la garniture
- 2 cuil. à café de fleurs de lavande séchées
- 10 cl de lait
- 1 œuf
- 20 g de sucre
- 10 g de Maïzena
- 100 g de beurre

Macarons à la mirabelle

Préparation : 1 heure • Repos : 24 heures • Cuisson : 45 minutes • Difficulté : ★★ Budget : ★

Mixez le sucre glace et la poudre d'amandes pour obtenir une poudre très fine. Montez les blancs d'œufs en neige avec une pincée de sucre. Quand le mélange commence à mousser, ajoutez petit à petit le sucre. Lorsque tout le sucre est incorporé, augmentez doucement la vitesse du batteur et fouettez jusqu'à l'obtention d'une belle meringue qui forme « un bec d'oiseau » lorsqu'on soulève les fouets. Ajoutez le colorant jaune à la préparation.

Ajoutez un tiers de mélange poudre d'amandes-sucre glace, mélangez à la spatule pour assouplir la masse. Ajoutez le restant de poudre et mélangez délicatement à la spatule en soulevant la masse, en raclant bien les bords et le fond. Mélangez suffisamment pour lisser la pâte mais sans la liquéfier pour qu'elle ne s'étale pas trop.

Remplissez une poche munie d'une douille de 8 mm et dressez les macarons sur une plaque de cuisson couverte de papier sulfurisé. Espacez-les suffisamment et décalez les rangées en quinconce pour uniformiser le passage de la chaleur. Tapez avec le plat de la main sous la plaque pour uniformiser les macarons et chasser les bulles d'air. Laissez croûter (sécher) 30 minutes.

Placez au four pour 15 minutes à 150 °C (th. 5). Retournez la plaque à mi-cuisson. Sortez les macarons du four, faites glisser la feuille de papier sulfurisé avec les coques sur le plan de travail et laissez-les refroidir complètement avant de les décoller.

Dénoyautez les mirabelles et coupez-les en deux. Placez-les dans une casserole avec le sucre. Laissez compoter 30 minutes en mélangeant régulièrement. Ajoutez la gélatine ramollie dans de l'eau froide. Laissez cuire encore 1 minute puis laissez refroidir à température ambiante.

Garnissez les macarons à l'aide d'une poche à douille et réservez 24 heures au frais.

Pour 30 macarons

Pour les coques
- 200 g de sucre glace
- 110 g de poudre d'amandes
- 95 g de blancs d'œufs
- 30 g de sucre
- Colorant alimentaire jaune

Pour la garniture
- 300 g de mirabelles
- 50 g de sucre gélifiant à confiture
- 2 feuilles de gélatine

Conseil : vous pouvez remplacer la gélatine par 1 g d'agar-agar. Vous pouvez utiliser des mirabelles fraîches ou surgelées.

Macarons à la mûre

Préparation : 1 heure • Repos : 24 heures • Cuisson : 16 minutes • Difficulté : ★★ Budget : ★

Mixez le sucre glace et la poudre d'amandes pour obtenir une poudre très fine. Montez les blancs d'œufs en neige avec une pincée de sucre. Quand le mélange commence à mousser, ajoutez petit à petit le sucre. Lorsque tout le sucre est incorporé, augmentez doucement la vitesse du batteur et fouettez jusqu'à l'obtention d'une belle meringue qui forme « un bec d'oiseau » lorsqu'on soulève les fouets. Ajoutez le colorant bleu à la préparation.

Ajoutez un tiers de mélange poudre d'amandes-sucre glace, mélangez à la spatule pour assouplir la masse. Ajoutez le restant de poudre et mélangez délicatement à la spatule en soulevant la masse, en raclant bien les bords et le fond. Mélangez suffisamment pour lisser la pâte mais sans la liquéfier pour qu'elle ne s'étale pas trop.

Remplissez une poche munie d'une douille de 8 mm et dressez les macarons sur une plaque de cuisson couverte de papier sulfurisé. Espacez-les suffisamment et décalez les rangées en quinconce pour uniformiser le passage de la chaleur. Tapez avec le plat de la main sous la plaque pour uniformiser les macarons et chasser les bulles d'air. Laissez croûter (sécher) 30 minutes.

Placez au four pour 15 minutes à 150 °C (th. 5). Retournez la plaque à mi-cuisson. Sortez les macarons du four, faites glisser la feuille de papier sulfurisé avec les coques sur le plan de travail et laissez-les refroidir complètement avant de les décoller.

Réduisez les mûres en purée, passez-la à travers un tamis pour en récupérer la pulpe. Faites fondre le chocolat blanc avec la crème liquide au four à micro-ondes 3 fois 30 secondes en remuant bien entre chaque passage. Ajoutez la pulpe des mûres. Laissez refroidir à température ambiante. Garnissez les macarons à l'aide d'une poche à douille avant que la ganache ne durcisse et réservez 24 heures au frais.

Pour 30 macarons

Pour les coques
- 200 g de sucre glace
- 110 g de poudre d'amandes
- 95 g de blancs d'œufs
- 30 g de sucre
- Colorant alimentaire bleu

Pour la garniture
- 100 g de mûres
- 160 g de chocolat blanc
- 5 cl de crème liquide

Conseil : vous pouvez utiliser des mûres fraîches ou surgelées.

Macarons à la noix de muscade

Préparation : 1 heure • Repos : 24 heures • Cuisson : 20 minutes • Difficulté : ★★ Budget : ★

Mixez le sucre glace et la poudre d'amandes pour obtenir une poudre très fine. Montez les blancs d'œufs en neige avec une pincée de sucre. Quand le mélange commence à mousser, ajoutez petit à petit le sucre. Lorsque tout le sucre est incorporé, augmentez doucement la vitesse du batteur et fouettez jusqu'à l'obtention d'une belle meringue qui forme « un bec d'oiseau » lorsqu'on soulève les fouets. Ajoutez une pointe de colorant brun à la préparation.

Ajoutez un tiers de mélange poudre d'amandes-sucre glace, mélangez à la spatule pour assouplir la masse. Ajoutez le restant de poudre et mélangez délicatement à la spatule en soulevant la masse, en raclant bien les bords et le fond. Mélangez suffisamment pour lisser la pâte mais sans la liquéfier pour qu'elle ne s'étale pas trop.

Remplissez une poche munie d'une douille de 8 mm et dressez les macarons sur une plaque de cuisson couverte de papier sulfurisé. Espacez-les suffisamment et décalez les rangées en quinconce pour uniformiser le passage de la chaleur. Tapez avec le plat de la main sous la plaque pour uniformiser les macarons et chasser les bulles d'air. Laissez croûter (sécher) 30 minutes.

Placez au four pour 15 minutes à 150 °C (th. 5). Retournez la plaque à mi-cuisson. Sortez les macarons du four, faites glisser la feuille de papier sulfurisé avec les coques sur le plan de travail et laissez-les refroidir complètement avant de les décoller.

Faites chauffer le lait dans une casserole. Mélangez l'œuf et le sucre jusqu'à ce que le mélange blanchisse. Ajoutez la Maïzena et versez dessus le lait bouillant. Faites épaissir le tout à feu doux et ajoutez les patates douces en purée et une pincée de noix de muscade. Laissez refroidir à température ambiante recouvert de film alimentaire. Battez le beurre en pommade avec un fouet électrique et ajoutez petit à petit les trois quarts de la crème.

Garnissez les macarons à l'aide d'une poche à douille, réservez 24 heures au frais.

Pour 30 macarons

Pour les coques
- 200 g de sucre glace
- 110 g de poudre d'amandes
- 95 g de blancs d'œufs
- 30 g de sucre
- Colorant alimentaire brun

Pour la garniture
- 8 cl de lait
- 1 œuf
- 20 g de sucre
- 10 g de Maïzena
- 50 g de patates douces
- Noix de muscade en poudre
- 100 g de beurre

Macarons à la pêche

Préparation : 1 heure • Repos : 24 heures • Cuisson : 35 minutes • Difficulté : ★★ Budget : ★★

Mixez le sucre glace et la poudre d'amandes pour obtenir une poudre très fine. Montez les blancs d'œufs en neige avec une pincée de sucre. Quand le mélange commence à mousser, ajoutez petit à petit le sucre. Lorsque tout le sucre est incorporé, augmentez doucement la vitesse du batteur et fouettez jusqu'à l'obtention d'une belle meringue qui forme « un bec d'oiseau » lorsqu'on soulève les fouets. Ajoutez du colorant alimentaire orange.

Ajoutez un tiers de mélange poudre d'amandes-sucre glace, mélangez à la spatule pour assouplir la masse. Ajoutez le restant de poudre et mélangez délicatement à la spatule en soulevant la masse, en raclant bien les bords et le fond. Mélangez suffisamment pour lisser la pâte mais sans la liquéfier pour qu'elle ne s'étale pas trop.

Remplissez une poche munie d'une douille de 8 mm et dressez les macarons sur 2 plaques de cuisson superposées et couvertes de papier sulfurisé. Espacez-les suffisamment et décalez les rangées en quinconce pour uniformiser le passage de la chaleur. Tapez avec le plat de la main sous les plaques pour uniformiser les macarons et chasser les bulles d'air. Laissez croûter (sécher) 30 minutes.

Placez au four pour 15 minutes à 150 °C (th. 5). Retournez les plaques à mi-cuisson. Sortez les macarons du four, faites glisser les feuilles de papier sulfurisé avec les coques sur le plan de travail et laissez-les refroidir complètement avant de les décoller.

Épluchez et coupez les pêches en morceaux. Placez-les dans une casserole avec le sucre. Laissez compoter sur feu doux 20 minutes en mélangeant régulièrement. Ajoutez les feuilles de gélatine préalablement ramollies dans l'eau froide et essorées. Mélangez bien puis laissez refroidir. Garnissez les macarons et réservez 24 heures au frais avant de déguster.

Pour 40 macarons

Pour les coques
- 200 g de sucre glace
- 110 g de poudre d'amandes
- 95 g de blancs d'œufs
- 30 g de sucre
- Colorant alimentaire orange

Pour la garniture
- 200 g de pêches jaunes
- 60 g de sucre
- 2 feuilles de gélatine

Macarons à la pistache

Préparation : 1 heure • Repos : 24 heures • Cuisson : 14 minutes • Difficulté : ★ Budget : ★

Mixez le sucre glace, la poudre d'amandes et la poudre de pistaches pour obtenir une poudre très fine. Montez les blancs d'œufs en neige avec une pincée de sucre. Quand le mélange commence à mousser, ajoutez petit à petit le sucre. Lorsque tout le sucre est incorporé, augmentez doucement la vitesse du batteur et fouettez jusqu'à l'obtention d'une belle meringue qui forme « un bec d'oiseau » lorsqu'on soulève les fouets. Ajoutez les colorants.

Ajoutez un tiers de mélange poudre d'amandes-sucre glace, mélangez à la spatule pour assouplir la masse. Ajoutez le restant de poudre et mélangez délicatement à la spatule en soulevant la masse, en raclant bien les bords et le fond. Mélangez suffisamment pour lisser la pâte mais sans la liquéfier pour qu'elle ne s'étale pas trop.

Remplissez une poche munie d'une douille de 8 mm et dressez les macarons sur une plaque de cuisson couverte de papier sulfurisé. Espacez-les suffisamment et décalez les rangées en quinconce pour uniformiser le passage de la chaleur. Tapez avec le plat de la main sous la plaque pour uniformiser les macarons et chasser les bulles d'air. Laissez croûter (sécher) 30 minutes.

Placez au four pour 15 minutes à 150 °C (th. 5). Retournez la plaque à mi-cuisson. Sortez les macarons du four, faites glisser la feuille de papier sulfurisé avec les coques sur le plan de travail et laissez-les refroidir complètement avant de les décoller.

Ajoutez le colorant vert et une pointe de jaune à la meringue.

Mixez finement les pistaches fraîches avec les 20 g de sucre et la poudre d'amandes. Ajoutez 1 cuil. à café d'huile d'arachide. Réservez.

Fouettez le beurre tempéré et ajoutez petit à petit la crème anglaise, tempérée elle aussi, puis la pâte de pistaches. À l'aide d'une poche à douille, garnissez les macarons.

Réservez 24 heures au frais avant de déguster.

Pour 30 macarons

Pour les coques
- 200 g de sucre glace
- 80 g de poudre d'amandes
- 30 g de pistaches mondées hachées
- 95 g de blancs d'œufs
- 30 g de sucre
- Colorant alimentaire vert
- Colorant alimentaire jaune

Pour la crème
- 50 g de pistaches fraîches
- 20 g de sucre
- 10 g de poudre d'amandes
- 1 cuil. à café d'huile d'arachide
- 100 g de beurre
- 120 g de crème anglaise

Macarons à la poire

Préparation : 1 heure • Repos : 24 heures • Cuisson : 30 minutes • Difficulté : ★★ Budget : ★★

Mixez le sucre glace et la poudre d'amandes pour obtenir une poudre très fine. Montez les blancs d'œufs en neige avec une pincée de sucre. Quand le mélange commence à mousser, ajoutez petit à petit le sucre. Lorsque tout le sucre est incorporé, augmentez doucement la vitesse du batteur et fouettez jusqu'à l'obtention d'une belle meringue qui forme « un bec d'oiseau » lorsqu'on soulève les fouets.

Ajoutez un tiers de mélange poudre d'amandes-sucre glace, mélangez à la spatule pour assouplir la masse. Ajoutez le restant de poudre et mélangez délicatement à la spatule en soulevant la masse, en raclant bien les bords et le fond. Mélangez suffisamment pour lisser la pâte mais sans la liquéfier pour qu'elle ne s'étale pas trop.

Remplissez une poche munie d'une douille de 8 mm et dressez les macarons sur 2 plaques de cuisson superposées et couvertes de papier sulfurisé. Espacez-les suffisamment et décalez les rangées en quinconce pour uniformiser le passage de la chaleur. Tapez avec le plat de la main sous les plaques pour uniformiser les macarons et chasser les bulles d'air. Saupoudrez-les d'un peu de colorant alimentaire vert. Laissez croûter (sécher) 30 minutes.

Placez au four pour 15 minutes à 150 °C (th. 5). Retournez les plaques à mi-cuisson. Sortez les macarons du four, faites glisser les feuilles de papier sulfurisé avec les coques sur le plan de travail et laissez-les refroidir complètement avant de les décoller.

Épluchez les poires, coupez-les en morceaux et placez-les dans une casserole avec le sucre. Laissez cuire à feu doux 10 à 15 minutes en mélangeant régulièrement. La poire doit devenir très fondante. Réduisez les poires en compote à l'aide d'une fourchette afin de conserver des morceaux. Ajoutez les feuilles de gélatine préalablement ramollies dans l'eau froide et essorées. Laissez refroidir.

Garnissez les macarons à la cuillère. Réservez 24 heures au réfrigérateur avant de déguster.

Pour 40 macarons

Pour les coques
- 200 g de sucre glace
- 110 g de poudre d'amandes
- 95 g de blancs d'œufs
- 30 g de sucre
- Colorant alimentaire vert

Pour la garniture
- 3 poires
- 30 g de sucre
- 2 feuilles de gélatine

Macarons à la pomme

Préparation : 45 minutes • Repos : 2 heures • Cuisson : 30 minutes • Difficulté : ★★ Budget : ★

Mixez le sucre glace et la poudre d'amandes pour obtenir une poudre très fine. Montez les blancs d'œufs en neige avec une pincée de sucre. Quand le mélange commence à mousser, ajoutez petit à petit le sucre. Lorsque tout le sucre est incorporé, augmentez doucement la vitesse du batteur et fouettez jusqu'à l'obtention d'une belle meringue qui forme « un bec d'oiseau » lorsqu'on soulève les fouets. Ajoutez du colorant vert.

Ajoutez un tiers de mélange poudre d'amandes-sucre glace, mélangez à la spatule pour assouplir la masse. Ajoutez le restant de poudre et mélangez délicatement à la spatule en soulevant la masse, en raclant bien les bords et le fond. Mélangez suffisamment pour lisser la pâte mais sans la liquéfier pour qu'elle ne s'étale pas trop.

Remplissez une poche munie d'une douille de 8 mm et dressez les macarons sur une plaque de cuisson couverte de papier sulfurisé. Espacez-les suffisamment et décalez les rangées en quinconce pour uniformiser le passage de la chaleur. Tapez avec le plat de la main sous la plaque pour uniformiser les macarons et chasser les bulles d'air. Laissez croûter (sécher) 30 minutes.

Placez au four pour 15 minutes à 150 °C (th. 5). Retournez la plaque à mi-cuisson. Sortez les macarons du four, faites glisser la feuille de papier sulfurisé avec les coques sur le plan de travail et laissez-les refroidir complètement avant de les décoller.

Épluchez et coupez les pommes en morceaux. Mettez-les dans une casserole avec 2 cuil. à soupe d'eau et le sucre. Faites cuire jusqu'à obtention d'une compote. Ajoutez la gélatine préalablement ramollie dans l'eau froide et un peu de colorant vert.

Portez à ébullition 1 minute en mélangeant doucement. Versez dans un bol, laissez refroidir.

Garnissez les macarons à l'aide d'une poche à douille avant que la compote ne soit totalement gélifiée. Placez-les 24 heures au réfrigérateur avant de déguster.

Pour 30 macarons

Pour les coques
- 200 g de sucre glace
- 110 g de poudre d'amandes
- 95 g de blancs d'œufs
- 30 g de sucre
- Colorant alimentaire vert

Pour la garniture
- 500 g de pommes
- 40 g de sucre gélifiant à confiture
- 2 g de gélatine
- Colorant alimentaire vert

Macarons à la réglisse

Préparation : 1 heure • Repos : 24 heures • Cuisson : 20 minutes • Difficulté : ★ Budget : ★★

Mixez le sucre glace et la poudre d'amandes pour obtenir une poudre très fine. Montez les blancs d'œufs en neige avec une pincée de sucre. Quand le mélange commence à mousser, ajoutez petit à petit le sucre. Lorsque tout le sucre est incorporé, augmentez doucement la vitesse du batteur et fouettez jusqu'à l'obtention d'une belle meringue qui forme « un bec d'oiseau » lorsqu'on soulève les fouets. Ajoutez 2 cuil. à café de colorant noir à la meringue.

Ajoutez un tiers de mélange poudre d'amandes-sucre glace, mélangez à la spatule pour assouplir la masse. Ajoutez le restant de poudre et mélangez délicatement à la spatule en soulevant la masse, en raclant bien les bords et le fond. Mélangez suffisamment pour lisser la pâte mais sans la liquéfier pour qu'elle ne s'étale pas trop.

Remplissez une poche munie d'une douille de 8 mm et dressez les macarons sur une plaque de cuisson couverte de papier sulfurisé. Espacez-les suffisamment et décalez les rangées en quinconce pour uniformiser le passage de la chaleur. Tapez avec le plat de la main sous la plaque pour uniformiser les macarons et chasser les bulles d'air. Laissez croûter (sécher) 30 minutes.

Placez au four pour 15 minutes à 150 °C (th. 5). Retournez la plaque à mi-cuisson. Sortez les macarons du four, faites glisser la feuille de papier sulfurisé avec les coques sur le plan de travail et laissez-les refroidir complètement avant de les décoller.

Mélangez l'œuf et le sucre jusqu'à blanchissement. Faites bouillir le lait avec la réglisse. Ajoutez la Maïzena au mélange et versez dessus le lait bouillant. Faites épaissir à feu doux. Réservez.

Battez le beurre en pommade à l'aide d'un fouet électrique et ajoutez petit à petit la crème.

Garnissez les macarons de crème à l'aide d'une poche à douille et réservez 24 heures au frais avant de déguster.

Pour 30 macarons

Pour les coques
✦ 200 g de sucre glace
✦ 95 g de blancs d'œufs
✦ 110 g de poudre d'amandes
✦ 30 g de sucre
✦ Colorant alimentaire noir

Pour la crème
✦ 1 œuf
✦ 20 g de sucre
✦ 8 cl de lait
✦ Arôme réglisse
✦ 10 g de Maïzena
✦ 100 g de beurre

Macarons à la rhubarbe

Préparation : 30 minutes • Repos : 24 heures • Cuisson : 30 minutes • Difficulté : ★★ Budget : ★★

Mixez le sucre glace et la poudre d'amandes pour obtenir une poudre très fine. Montez les blancs d'œufs en neige avec une pincée de sucre. Quand le mélange commence à mousser, ajoutez petit à petit le sucre. Lorsque tout le sucre est incorporé, augmentez doucement la vitesse du batteur et fouettez jusqu'à l'obtention d'une belle meringue qui forme « un bec d'oiseau » lorsqu'on soulève les fouets. Ajoutez du colorant vert à la meringue italienne.

Ajoutez un tiers de mélange poudre d'amandes-sucre glace, mélangez à la spatule pour assouplir la masse. Ajoutez le restant de poudre et mélangez délicatement à la spatule en soulevant la masse, en raclant bien les bords et le fond. Mélangez suffisamment pour lisser la pâte mais sans la liquéfier pour qu'elle ne s'étale pas trop.

Remplissez une poche munie d'une douille de 8 mm et dressez les macarons sur une plaque de cuisson couverte de papier sulfurisé. Espacez-les suffisamment et décalez les rangées en quinconce pour uniformiser le passage de la chaleur. Tapez avec le plat de la main sous la plaque pour uniformiser les macarons et chasser les bulles d'air. Laissez croûter (sécher) 30 minutes.

Placez au four pour 15 minutes à 150 °C (th. 5). Retournez la plaque à mi-cuisson. Sortez les macarons du four, faites glisser la feuille de papier sulfurisé avec les coques sur le plan de travail et laissez-les refroidir complètement avant de les décoller.

À l'aide d'une brosse à dents, pulvérisez du colorant rouge sur les coques après la cuisson.

Épluchez et coupez la rhubarbe en morceaux. Versez-les dans une casserole, ajoutez le sucre et faites cuire jusqu'à obtention d'une compote. Ajoutez la gélatine préalablement ramollie dans l'eau froide et portez à ébullition 1 minute en mélangeant doucement. Versez dans un bol et laissez refroidir. Garnissez les macarons avant que la compote ne soit totalement gélifiée. Placez les 24 heures au réfrigérateur avant de déguster.

Pour 30 macarons

Pour les coques
- 200 g de sucre glace
- 110 g de poudre d'amandes
- 95 g de blancs d'œufs
- 30 g de sucre
- Colorant alimentaire vert
- Colorant alimentaire rouge

Pour la ganache
- 400 g de rhubarbe
- 80 g de sucre gélifiant à confiture
- 2 g de gélatine

Macarons à la vanille

Préparation : 1 heure • Repos : 24 heures • Cuisson : 25 minutes • Difficulté : ★★ Budget : ★★

Préparez les coques : mixez le sucre glace et la poudre d'amandes pour obtenir une poudre très fine. Montez les blancs d'œufs en neige avec une pincée de sucre. Quand le mélange commence à mousser, ajoutez petit à petit le sucre. Lorsque tout le sucre est incorporé, augmentez doucement la vitesse du batteur et fouettez jusqu'à l'obtention d'une belle meringue qui forme « un bec d'oiseau » lorsqu'on soulève les fouets. Ajoutez du colorant alimentaire jaune.

Ajoutez un tiers de mélange poudre d'amandes-sucre glace, mélangez à la spatule pour assouplir la masse. Ajoutez le restant de poudre et mélangez délicatement à la spatule en soulevant la masse, en raclant bien les bords et le fond. Mélangez suffisamment pour lisser la pâte mais sans la liquéfier pour qu'elle ne s'étale pas trop.

Remplissez une poche munie d'une douille de 8 mm et dressez les macarons sur 2 plaques de cuisson superposées et couvertes de papier sulfurisé. Espacez-les suffisamment et décalez les rangées en quinconce pour uniformiser le passage de la chaleur. Tapez avec le plat de la main sous les plaques pour uniformiser les macarons et chasser les bulles d'air. Laissez croûter (sécher) 30 minutes.

Placez au four pour 15 minutes à 150 °C (th. 5). Retournez les plaques à mi-cuisson. Sortez les macarons du four, faites glisser les feuilles de papier sulfurisé avec les coques sur le plan de travail et laissez-les refroidir complètement avant de les décoller.

Préparez la garniture : portez le lait à ébullition avec la gousse de vanille fendu en deux. Fouettez l'œuf et le sucre jusqu'à ce que le mélange blanchisse. Ajoutez la Maïzena. Versez le lait bouillant après avoir retiré la gousse de vanille et gratté les graines. Faites épaissir à feu doux. Laissez refroidir.

Battez le beurre en pommade à l'aide d'un fouet électrique et ajoutez petit à petit la crème à la vanille. Garnissez les macarons à l'aide d'une poche à douille et réservez 24 heures au frais avant de déguster.

Pour 40 macarons

Pour les coques
- 200 g de sucre glace
- 110 g de poudre d'amandes
- 95 g de blancs d'œufs
- 30 g de sucre
- Colorant alimentaire jaune nacré

Pour la garniture
- 10 cl de lait
- 1 gousse de vanille
- 1 œuf
- 20 g de sucre
- 10 g de Maïzena
- 100 g de beurre

Macarons à la violette

Préparation : 1 heure • Repos : 24 heures • Cuisson : 20 minutes • Difficulté : ★ Budget : ★★

Mixez le sucre glace et la poudre d'amandes pour obtenir une poudre très fine. Montez les blancs d'œufs en neige avec une pincée de sucre. Quand le mélange commence à mousser, ajoutez petit à petit le sucre. Lorsque tout le sucre est incorporé, augmentez doucement la vitesse du batteur et fouettez jusqu'à l'obtention d'une belle meringue qui forme « un bec d'oiseau » lorsqu'on soulève les fouets. Ajoutez un peu de colorant rouge et bleu pour obtenir une couleur violette.

Ajoutez un tiers de mélange poudre d'amandes-sucre glace, mélangez à la spatule pour assouplir la masse. Ajoutez le restant de poudre et mélangez délicatement à la spatule en soulevant la masse, en raclant bien les bords et le fond. Mélangez suffisamment pour lisser la pâte mais sans la liquéfier pour qu'elle ne s'étale pas trop.

Remplissez une poche munie d'une douille de 8 mm et dressez les macarons sur une plaque de cuisson couverte de papier sulfurisé. Espacez-les suffisamment et décalez les rangées en quinconce pour uniformiser le passage de la chaleur. Tapez avec le plat de la main sous la plaque pour uniformiser les macarons et chasser les bulles d'air. Laissez croûter (sécher) 30 minutes.

Placez au four pour 15 minutes à 150 °C (th. 5). Retournez la plaque à mi-cuisson. Sortez les macarons du four, faites glisser la feuille de papier sulfurisé avec les coques sur le plan de travail et laissez-les refroidir complètement avant de les décoller.

Battez l'œuf et le sucre pour que le mélange blanchisse. Ajoutez la Maïzena et versez dessus le lait bouillant. Faites épaissir la crème à feu doux. Laissez refroidir le mélange à température ambiante, recouvert d'un film alimentaire. Battez le beurre en pommade et ajoutez petit à petit la crème. Ajoutez l'arôme de violette et 1 cuil. à soupe de confiture, qui donnera une jolie couleur violette à la crème. Garnissez les macarons à l'aide d'une poche à douille et réservez 24 heures au frais avant de déguster.

Pour 30 macarons

Pour les coques
+ 200 g de sucre glace
+ 110 g de poudre d'amandes
+ 95 g de blancs d'œufs
+ 30 g de sucre
+ Colorant alimentaire rouge
+ Colorant alimentaire bleu

Pour la crème
+ 1 œuf
+ 30 g de sucre
+ 10 g de Maïzena
+ 8 cl de lait
+ 70 g de beurre
+ 1 cuil. à soupe d'arôme violette
+ 1 cuil. à soupe de confiture de myrtilles

Conseil : vous pouvez également utiliser du sirop de violette.

Macarons abricot et mangue

Préparation : 1 heure • Repos : 24 heures • Cuisson : 35 minutes • Difficulté : ★★ Budget : ★★

Mixez le sucre glace et la poudre d'amandes pour obtenir une poudre très fine. Montez les blancs d'œufs en neige avec une pincée de sucre. Quand le mélange commence à mousser, ajoutez petit à petit le sucre. Lorsque tout le sucre est incorporé, augmentez doucement la vitesse du batteur et fouettez jusqu'à l'obtention d'une belle meringue qui forme « un bec d'oiseau » lorsqu'on soulève les fouets. Ajoutez du colorant alimentaire orange.

Ajoutez un tiers de mélange poudre d'amandes-sucre glace, mélangez à la spatule pour assouplir la masse. Ajoutez le restant de poudre et mélangez délicatement à la spatule en soulevant la masse, en raclant bien les bords et le fond. Mélangez suffisamment pour lisser la pâte mais sans la liquéfier pour qu'elle ne s'étale pas trop.

Remplissez une poche munie d'une douille de 8 mm et dressez les macarons sur 2 plaques de cuisson superposées et couvertes de papier sulfurisé. Espacez-les suffisamment et décalez les rangées en quinconce pour uniformiser le passage de la chaleur. Tapez avec le plat de la main sous les plaques pour uniformiser les macarons et chasser les bulles d'air. Laissez croûter (sécher) 30 minutes.

Placez au four pour 15 minutes à 150 °C (th. 5). Retournez les plaques à mi-cuisson. Sortez les macarons du four, faites glisser les feuilles de papier sulfurisé avec les coques sur le plan de travail et laissez-les refroidir complètement avant de les décoller.

Avec un pinceau plat à peine humide, prélevez une petite touche de colorant en poudre et tapotez les coques pour leur donner un effet peau d'abricot. Laissez sécher.

Prélevez la pulpe des fruits, mixez-les et placez-les dans une casserole avec le sucre. Laissez compoter sur feu doux 20 minutes en mélangeant régulièrement. Ajoutez les feuilles de gélatine préalablement ramollies dans l'eau froide et essorées. Mélangez bien puis laissez refroidir. Avant que la purée de fruit ne se fige, garnissez les macarons à l'aide d'une poche à douille et réservez 24 heures au frais avant de déguster.

Pour 40 macarons

Pour les coques
- 200 g de sucre glace
- 110 g de poudre d'amandes
- 95 g de blancs d'œufs
- 30 g de sucre
- Colorant alimentaire orange

Pour la garniture
- 100 g de mangues
- 100 g d'abricots
- 50 g de sucre
- 2 feuilles de gélatine

Macarons anis et orange

Préparation : 1 heure • Repos : 24 heures • Cuisson : 15 minutes • Difficulté : ★★ Budget : ★★

Mixez le sucre glace et la poudre d'amandes pour obtenir une poudre très fine. Montez les blancs d'œufs en neige avec une pincée de sucre. Quand le mélange commence à mousser, ajoutez petit à petit le sucre. Lorsque tout le sucre est incorporé, augmentez doucement la vitesse du batteur et fouettez jusqu'à l'obtention d'une belle meringue qui forme « un bec d'oiseau » lorsqu'on soulève les fouets. Ajoutez du colorant alimentaire vert.

Ajoutez un tiers de mélange poudre d'amandes-sucre glace, mélangez à la spatule pour assouplir la masse. Ajoutez le restant de poudre et mélangez délicatement à la spatule en soulevant la masse, en raclant bien les bords et le fond. Mélangez suffisamment pour lisser la pâte mais sans la liquéfier pour qu'elle ne s'étale pas trop.

Remplissez une poche munie d'une douille de 8 mm et dressez les macarons sur 2 plaques de cuisson superposées et couvertes de papier sulfurisé. Espacez-les suffisamment et décalez les rangées en quinconce pour uniformiser le passage de la chaleur. Tapez avec le plat de la main sous les plaques pour uniformiser les macarons et chasser les bulles d'air. Laissez croûter (sécher) 30 minutes.

Placez au four pour 15 minutes à 150 °C (th. 5). Retournez les plaques à mi-cuisson. Sortez les macarons du four, faites glisser les feuilles de papier sulfurisé avec les coques sur le plan de travail et laissez-les refroidir complètement avant de les décoller.

Pressez le jus de l'orange et prélevez son zeste. Dans un saladier en inox type cul-de-poule, versez le jus d'orange. Ajoutez l'œuf, le zeste de l'orange, l'anis et le sucre. À l'aide d'un fouet, mélangez au bain-marie sans arrêter jusqu'à l'épaississement de la crème. Laissez refroidir à température ambiante.

Fouettez le beurre tempéré en pommade avec un batteur électrique et ajoutez petit à petit la crème à l'anis et orange, jusqu'à l'obtention d'une crème onctueuse. Garnissez les macarons à l'aide d'une poche à douille. Réservez 24 heures au réfrigérateur avant de déguster.

Pour 40 macarons

Pour les coques
- 200 g de sucre glace
- 110 g de poudre d'amandes
- 95 g de blancs d'œufs
- 30 g de sucre
- Colorant alimentaire vert

Pour la garniture
- 1 orange non traitée
- 1 œuf
- ½ cuil. à café d'anis étoilé en poudre
- 30 g de sucre
- 100 g de beurre

Macarons au Baileys

Préparation : 1 heure • Repos : 24 heures • Cuisson : 25 minutes • Difficulté : ★★ Budget : ★★

Mixez le sucre glace et la poudre d'amandes pour obtenir une poudre très fine. Montez les blancs d'œufs en neige avec une pincée de sucre. Quand le mélange commence à mousser, ajoutez petit à petit le sucre. Lorsque tout le sucre est incorporé, augmentez doucement la vitesse du batteur et fouettez jusqu'à l'obtention d'une belle meringue qui forme « un bec d'oiseau » lorsqu'on soulève les fouets. Ajoutez du colorant alimentaire brun.

Ajoutez un tiers de mélange poudre d'amandes-sucre glace, mélangez à la spatule pour assouplir la masse. Ajoutez le restant de poudre et mélangez délicatement à la spatule en soulevant la masse, en raclant bien les bords et le fond. Mélangez suffisamment pour lisser la pâte mais sans la liquéfier pour qu'elle ne s'étale pas trop.

Remplissez une poche munie d'une douille de 8 mm et dressez les macarons sur 2 plaques de cuisson superposées et couvertes de papier sulfurisé. Espacez-les suffisamment et décalez les rangées en quinconce pour uniformiser le passage de la chaleur. Tapez avec le plat de la main sous les plaques pour uniformiser les macarons et chasser les bulles d'air. Laissez croûter (sécher) 30 minutes.

Placez au four pour 15 minutes à 150 °C (th. 5). Retournez les plaques à mi-cuisson. Sortez les macarons du four, faites glisser les feuilles de papier sulfurisé avec les coques sur le plan de travail et laissez-les refroidir complètement avant de les décoller.

Portez le lait et le Baileys à ébullition. Fouettez l'œuf et le sucre jusqu'à ce que le mélange blanchisse. Ajoutez la Maïzena. Versez le lait bouillant et faites épaissir à feu doux. Laissez refroidir.

Battez le beurre en pommade à l'aide d'un fouet électrique et ajoutez petit à petit la crème au Baileys. Garnissez les macarons à l'aide d'une poche à douille et réservez 24 heures au frais avant de déguster.

Pour 40 macarons

Pour les coques
- 200 g de sucre glace
- 110 g de poudre d'amandes
- 95 g de blancs d'œufs
- 30 g de sucre
- Colorant alimentaire brun

Pour la garniture
- 5 cl de lait
- 5 cl de Baileys
- 1 œuf
- 20 g de sucre
- 10 g de Maïzena
- 100 g de beurre

Macarons au beurre de cacahuètes

Préparation : 1 heure • Repos : 24 heures • Cuisson : 20 minutes • Difficulté : ★★ Budget : ★

Mixez le sucre glace et la poudre d'amandes pour obtenir une poudre très fine. Montez les blancs d'œufs en neige avec une pincée de sucre. Quand le mélange commence à mousser, ajoutez petit à petit le sucre. Lorsque tout le sucre est incorporé, augmentez doucement la vitesse du batteur et fouettez jusqu'à l'obtention d'une belle meringue qui forme « un bec d'oiseau » lorsqu'on soulève les fouets. Ajoutez une pointe de colorant brun à la préparation. Parsemez les coques de cacahuètes hachées avant de les enfourner.

Ajoutez un tiers de mélange poudre d'amandes-sucre glace, mélangez à la spatule pour assouplir la masse. Ajoutez le restant de poudre et mélangez délicatement à la spatule en soulevant la masse, en raclant bien les bords et le fond. Mélangez suffisamment pour lisser la pâte mais sans la liquéfier pour qu'elle ne s'étale pas trop.

Remplissez une poche munie d'une douille de 8 mm et dressez les macarons sur une plaque de cuisson couverte de papier sulfurisé. Espacez-les suffisamment et décalez les rangées en quinconce pour uniformiser le passage de la chaleur. Tapez avec le plat de la main sous la plaque pour uniformiser les macarons et chasser les bulles d'air. Laissez croûter (sécher) 30 minutes.

Placez au four pour 15 minutes à 150 °C (th. 5). Retournez la plaque à mi-cuisson. Sortez les macarons du four, faites glisser la feuille de papier sulfurisé avec les coques sur le plan de travail et laissez-les refroidir complètement avant de les décoller.

Faites chauffer le lait dans une casserole. Mélangez l'œuf et le sucre jusqu'à ce que le mélange blanchisse. Ajoutez la Maïzena et versez le lait bouillant dessus. Faites épaissir le tout à feu doux. Battez le beurre en pommade avec un fouet électrique et ajoutez petit à petit la crème puis le beurre de cacahuètes.

Garnissez les macarons à l'aide d'une poche à douille et réservez 24 heures au frais.

Pour 30 macarons

Pour les coques
+ 200 g de sucre glace
+ 110 g de poudre d'amandes
+ 95 g de blancs d'œufs
+ 30 g de sucre
+ Colorant alimentaire brun
+ 2 cuil. à soupe de cacahuètes (hachées)

Pour la garniture
+ 10 cl de lait
+ 1 œuf
+ 20 g de sucre
+ 10 g de Maïzena
+ 100 g de beurre
+ 2 cuil. à soupe de beurre de cacahuètes

Macarons au bleu et à la poire

Préparation : 1 heure • Repos : 24 heures • Cuisson : 14 minutes • Difficulté : ★ Budget : ★★

Mixez le sucre glace et la poudre d'amandes pour obtenir une poudre très fine. Montez les blancs d'œufs en neige avec une pincée de sucre. Quand le mélange commence à mousser, ajoutez petit à petit le sucre. Lorsque tout le sucre est incorporé, augmentez doucement la vitesse du batteur et fouettez jusqu'à l'obtention d'une belle meringue qui forme « un bec d'oiseau » lorsqu'on soulève les fouets.

Ajoutez un tiers de mélange poudre d'amandes-sucre glace, mélangez à la spatule pour assouplir la masse. Ajoutez le restant de poudre et mélangez délicatement à la spatule en soulevant la masse, en raclant bien les bords et le fond. Mélangez suffisamment pour lisser la pâte mais sans la liquéfier pour qu'elle ne s'étale pas trop.

Remplissez une poche munie d'une douille de 8 mm et dressez les macarons sur une plaque de cuisson couverte de papier sulfurisé. Espacez-les suffisamment et décalez les rangées en quinconce pour uniformiser le passage de la chaleur. Tapez avec le plat de la main sous la plaque pour uniformiser les macarons et chasser les bulles d'air. Laissez croûter (sécher) 30 minutes.

Placez au four pour 15 minutes à 150 °C (th. 5). Retournez la plaque à mi-cuisson. Sortez les macarons du four, faites glisser la feuille de papier sulfurisé avec les coques sur le plan de travail et laissez-les refroidir complètement avant de les décoller.

Sortez le fromage et le beurre du réfrigérateur 1 heure avant de garnir les macarons. Travaillez-les à la fourchette afin d'obtenir une pommade.

Épluchez et coupez la poire en petits carrés.

Garnissez les macarons avec la crème de fromage et placez au milieu un morceau de poire. Réservez 24 heures au frais avant de déguster.

Pour 30 macarons

Pour les coques
- 200 g de sucre glace
- 110 g de poudre d'amandes
- 95 g de blancs d'œufs
- 30 g de sucre

Pour la crème
- 150 g de roquefort
- 50 g de beurre
- 1 poire

Macarons au cactus

Préparation : 1 heure • Repos : 24 heures • Cuisson : 20 minutes • Difficulté : ★★ Budget : ★

Mixez le sucre glace et la poudre d'amandes pour obtenir une poudre très fine. Montez les blancs d'œufs en neige avec une pincée de sucre. Quand le mélange commence à mousser, ajoutez petit à petit le sucre. Lorsque tout le sucre est incorporé, augmentez doucement la vitesse du batteur et fouettez jusqu'à l'obtention d'une belle meringue qui forme « un bec d'oiseau » lorsqu'on soulève les fouets. Ajoutez le colorant vert à la préparation.

Ajoutez un tiers de mélange poudre d'amandes-sucre glace, mélangez à la spatule pour assouplir la masse. Ajoutez le restant de poudre et mélangez délicatement à la spatule en soulevant la masse, en raclant bien les bords et le fond. Mélangez suffisamment pour lisser la pâte mais sans la liquéfier pour qu'elle ne s'étale pas trop.

Remplissez une poche munie d'une douille de 8 mm et dressez les macarons sur une plaque de cuisson couverte de papier sulfurisé. Espacez-les suffisamment et décalez les rangées en quinconce pour uniformiser le passage de la chaleur. Tapez avec le plat de la main sous la plaque pour uniformiser les macarons et chasser les bulles d'air. Laissez croûter (sécher) 30 minutes.

Placez au four pour 15 minutes à 150 °C (th. 5). Retournez la plaque à mi-cuisson. Sortez les macarons du four, faites glisser la feuille de papier sulfurisé avec les coques sur le plan de travail et laissez-les refroidir complètement avant de les décoller.

Diluez la Maïzena avec un peu de jus de cactus puis mélangez-le au reste du jus. Faites épaissir sur feu doux en remuant sans cesse. Laissez refroidir. Battez le beurre en pommade et ajoutez la crème de cactus petit à petit.

Garnissez les macarons à l'aide d'une poche à douille et réservez 24 heures au frais.

Pour 30 macarons

Pour les coques
- 200 g de sucre glace
- 110 g de poudre d'amandes
- 95 g de blancs d'œufs
- 30 g de sucre
- Colorant alimentaire vert

Pour la garniture
- 10 g de Maïzena
- 10 cl de jus de cactus
- 100 g de beurre

Macarons au café

Préparation : 1 heure • Repos : 24 heures • Cuisson : 20 minutes • Difficulté : ★ Budget : ★

Mixez le sucre glace et la poudre d'amandes pour obtenir une poudre très fine. Montez les blancs d'œufs en neige avec une pincée de sucre. Quand le mélange commence à mousser, ajoutez petit à petit le sucre. Lorsque tout le sucre est incorporé, augmentez doucement la vitesse du batteur et fouettez jusqu'à l'obtention d'une belle meringue qui forme « un bec d'oiseau » lorsqu'on soulève les fouets. Ajoutez le colorant brun et le café soluble au mélange poudre d'amandes et sucre glace.

Ajoutez un tiers de mélange poudre d'amandes-sucre glace, mélangez à la spatule pour assouplir la masse. Ajoutez le restant de poudre et mélangez délicatement à la spatule en soulevant la masse, en raclant bien les bords et le fond. Mélangez suffisamment pour lisser la pâte mais sans la liquéfier pour qu'elle ne s'étale pas trop.

Vous pouvez saupoudrer les coques avant cuisson d'un peu de café soluble.

Remplissez une poche munie d'une douille de 8 mm et dressez les macarons sur une plaque de cuisson couverte de papier sulfurisé. Espacez-les suffisamment et décalez les rangées en quinconce pour uniformiser le passage de la chaleur. Tapez avec le plat de la main sous la plaque pour uniformiser les macarons et chasser les bulles d'air. Laissez croûter (sécher) 30 minutes.

Placez au four pour 15 minutes à 150 °C (th. 5). Retournez la plaque à mi-cuisson. Sortez les macarons du four, faites glisser la feuille de papier sulfurisé avec les coques sur le plan de travail et laissez-les refroidir complètement avant de les décoller.

Faites chauffer le lait dans une casserole avec le café soluble.

Mélangez l'œuf et les 20 g de sucre jusqu'à blanchissement du mélange. Ajoutez la Maïzena et versez dessus le lait bouillant. Faites épaissir le tout à feu doux.

Battez le beurre en pommade avec un fouet électrique et ajoutez petit à petit la crème au café. Garnissez-en les macarons à l'aide d'une poche à douille et réservez 24 heures au réfrigérateur avant de déguster.

Pour 30 macarons

Pour les coques
- 200 g de sucre glace
- 110 g de poudre d'amandes
- 95 g de blancs d'œufs
- 30 g de sucre
- Colorant alimentaire brun
- 1 cuil. à café de café soluble

Pour la garniture
- 8 cl de lait
- 2 cuil. à soupe de café soluble
- 1 œuf
- 20 g de sucre
- 10 g de Maïzena
- 100 g de beurre

Macarons au Carambar

Préparation : 1 heure • Repos : 24 heures • Cuisson : 25 minutes • Difficulté : ★★ Budget : ★★

Mixez le sucre glace et la poudre d'amandes pour obtenir une poudre très fine. Montez les blancs d'œufs en neige avec une pincée de sucre. Quand le mélange commence à mousser, ajoutez petit à petit le sucre. Lorsque tout le sucre est incorporé, augmentez doucement la vitesse du batteur et fouettez jusqu'à l'obtention d'une belle meringue qui forme « un bec d'oiseau » lorsqu'on soulève les fouets. Ajoutez du colorant alimentaire brun.

Ajoutez un tiers de mélange poudre d'amandes-sucre glace, mélangez à la spatule pour assouplir la masse. Ajoutez le restant de poudre et mélangez délicatement à la spatule en soulevant la masse, en raclant bien les bords et le fond. Mélangez suffisamment pour lisser la pâte mais sans la liquéfier pour qu'elle ne s'étale pas trop.

Remplissez une poche munie d'une douille de 8 mm et dressez les macarons sur 2 plaques de cuisson superposées et couvertes de papier sulfurisé. Espacez-les suffisamment et décalez les rangées en quinconce pour uniformiser le passage de la chaleur. Tapez avec le plat de la main sous les plaques pour uniformiser les macarons et chasser les bulles d'air. Laissez croûter (sécher) 30 minutes.

Placez au four pour 15 minutes à 150 °C (th. 5). Retournez les plaques à mi-cuisson. Sortez les macarons du four, faites glisser les feuilles de papier sulfurisé avec les coques sur le plan de travail et laissez-les refroidir complètement avant de les décoller.

Portez le lait à ébullition et mettez les Carambar à fondre en mélangeant sans arrêter. Fouettez l'œuf et le sucre jusqu'à ce que le mélange blanchisse. Ajoutez la Maïzena. Versez le lait bouillant et faites épaissir à feu doux. Laissez refroidir.

Battez le beurre en pommade à l'aide d'un fouet électrique et ajoutez petit à petit la crème au Carambar. Garnissez les macarons à l'aide d'une poche à douille et réservez 24 heures au frais avant de déguster.

Pour 40 macarons

Pour les coques
+ 200 g de sucre glace
+ 110 g de poudre d'amandes
+ 95 g de blancs d'œufs
+ 30 g de sucre
+ Colorant alimentaire brun

Pour la garniture
+ 10 cl de lait
+ 10 Carambar
+ 1 œuf
+ 15 g de sucre
+ 10 g de Maïzena
+ 100 g de beurre

Macarons au caramel beurre salé

Préparation : 1 heure • Repos : 24 heures • Cuisson : 20 minutes • Difficulté : ★★ Budget : ★

Mixez le sucre glace et la poudre d'amandes pour obtenir une poudre très fine. Montez les blancs d'œufs en neige avec une pincée de sucre. Quand le mélange commence à mousser, ajoutez petit à petit le sucre. Lorsque tout le sucre est incorporé, augmentez doucement la vitesse du batteur et fouettez jusqu'à l'obtention d'une belle meringue qui forme « un bec d'oiseau » lorsqu'on soulève les fouets. Ajoutez une pointe de colorant brun ou, à défaut, du cacao ou du café soluble, pour donner une petite teinte crème. Vous pouvez aussi les laisser blancs et les saupoudrer de crêpe gavotte émiettée avant cuisson. Ajoutez un tiers de mélange poudre d'amandes-sucre glace, mélangez à la spatule pour assouplir la masse. Ajoutez le restant de poudre et mélangez délicatement à la spatule en soulevant la masse, en raclant bien les bords et le fond. Mélangez suffisamment pour lisser la pâte mais sans la liquéfier pour qu'elle ne s'étale pas trop.

Remplissez une poche munie d'une douille de 8 mm et dressez les macarons sur une plaque de cuisson couverte de papier sulfurisé. Espacez-les suffisamment et décalez les rangées en quinconce pour uniformiser le passage de la chaleur. Tapez avec le plat de la main sous la plaque pour uniformiser les macarons et chasser les bulles d'air. Laissez croûter (sécher) 30 minutes. Placez au four pour 15 minutes à 150 °C (th. 5). Retournez la plaque à mi-cuisson. Sortez les macarons du four, faites glisser la feuille de papier sulfurisé avec les coques sur le plan de travail et laissez-les refroidir complètement avant de les décoller.

Réalisez le caramel en chauffant 50 g de sucre à sec. Il doit perler et commencer à fondre doucement. À l'aide d'une cuillère en bois, remuez doucement sans faire de projection sur les parois de la casserole, jusqu'à former un caramel blond clair. Chauffez la crème fleurette au micro-ondes et versez-la doucement sur le caramel. Cela va créer un bouillonnement qui va retomber. Continuez de mélanger afin d'homogénéiser le caramel. Ajoutez le beurre demi-sel et une pincée de fleur de sel. Laissez refroidir.

Fouettez l'œuf et 20 g de sucre jusqu'à blanchir le mélange. Ajoutez la Maïzena et versez dessus le lait bouillant. Épaississez légèrement à feu doux. Recouvrez d'un film alimentaire et laissez refroidir. Quand la crème et le caramel ont refroidi, battez le beurre tempéré en pommade et ajoutez petit à petit la crème puis le caramel. À l'aide d'une poche à douille, garnissez les macarons et réservez 24 heures au frais avant de déguster.

Pour 30 macarons

Pour les coques
- 200 g de sucre glace
- 110 g de poudre d'amandes
- 95 g de blancs d'œufs
- 30 g de sucre
- Colorant alimentaire brun

Pour la garniture
- 70 g de sucre
- 4 cl de crème fleurette
- 20 g de beurre demi-sel
- 1 œuf
- 10 g de Maïzena
- 8 cl de lait
- 100 g de beurre
- Fleur de sel

Macarons au cassis

Préparation : 1 heure • Repos : 24 heures • Cuisson : 35 minutes • Difficulté : ★★ Budget : ★

Mixez le sucre glace et la poudre d'amandes pour obtenir une poudre très fine. Montez les blancs d'œufs en neige avec une pincée de sucre. Quand le mélange commence à mousser, ajoutez petit à petit le sucre. Lorsque tout le sucre est incorporé, augmentez doucement la vitesse du batteur et fouettez jusqu'à l'obtention d'une belle meringue qui forme « un bec d'oiseau » lorsqu'on soulève les fouets. Ajoutez du colorant rouge et bleu à la préparation.

Ajoutez un tiers de mélange poudre d'amandes-sucre glace, mélangez à la spatule pour assouplir la masse. Ajoutez le restant de poudre et mélangez délicatement à la spatule en soulevant la masse, en raclant bien les bords et le fond. Mélangez suffisamment pour lisser la pâte mais sans la liquéfier pour qu'elle ne s'étale pas trop.

Remplissez une poche munie d'une douille de 8 mm et dressez les macarons sur une plaque de cuisson couverte de papier sulfurisé. Espacez-les suffisamment et décalez les rangées en quinconce pour uniformiser le passage de la chaleur. Tapez avec le plat de la main sous la plaque pour uniformiser les macarons et chasser les bulles d'air. Laissez croûter (sécher) 30 minutes.

Placez au four pour 15 minutes à 150 °C (th. 5). Retournez la plaque à mi-cuisson. Sortez les macarons du four, faites glisser la feuille de papier sulfurisé avec les coques sur le plan de travail et laissez-les refroidir complètement avant de les décoller.

Réduisez le cassis en purée à travers un tamis. Mettez cette purée dans une casserole avec le sucre gélifiant et laissez compoter à feu doux 20 minutes. Laissez refroidir.

Battez le beurre en pommade avec un fouet électrique et ajoutez petit à petit la purée de cassis.

Garnissez les macarons à l'aide d'une poche à douille et réservez 24 heures au frais.

Pour 30 macarons

Pour les coques
- 200 g de sucre glace
- 110 g de poudre d'amandes
- 95 g de blancs d'œufs
- 30 g de sucre
- Colorant alimentaire rouge
- Colorant alimentaire bleu

Pour la garniture
- 200 g de cassis
- 60 g de sucre gélifiant à confiture
- 100 g de beurre

Macarons au champagne

Préparation : 1 heure • Repos : 24 heures • Cuisson : 20 minutes • Difficulté : ★★ Budget : ★★

Mixez le sucre glace et la poudre d'amandes pour obtenir une poudre très fine. Montez les blancs d'œufs en neige avec une pincée de sucre. Quand le mélange commence à mousser, ajoutez petit à petit le sucre. Lorsque tout le sucre est incorporé, augmentez doucement la vitesse du batteur et fouettez jusqu'à l'obtention d'une belle meringue qui forme « un bec d'oiseau » lorsqu'on soulève les fouets. Ajoutez le colorant or à la préparation.

Ajoutez un tiers de mélange poudre d'amandes-sucre glace, mélangez à la spatule pour assouplir la masse. Ajoutez le restant de poudre et mélangez délicatement à la spatule en soulevant la masse, en raclant bien les bords et le fond. Mélangez suffisamment pour lisser la pâte mais sans la liquéfier pour qu'elle ne s'étale pas trop.

Remplissez une poche munie d'une douille de 8 mm et dressez les macarons sur une plaque de cuisson couverte de papier sulfurisé. Espacez-les suffisamment et décalez les rangées en quinconce pour uniformiser le passage de la chaleur. Tapez avec le plat de la main sous la plaque pour uniformiser les macarons et chasser les bulles d'air. Laissez croûter (sécher) 30 minutes.

Placez au four pour 15 minutes à 150 °C (th. 5). Retournez la plaque à mi-cuisson. Sortez les macarons du four, faites glisser la feuille de papier sulfurisé avec les coques sur le plan de travail et laissez-les refroidir complètement avant de les décoller.

Faites chauffer le champagne dans une casserole. Mélangez l'œuf et le sucre jusqu'à ce que le mélange blanchisse. Ajoutez la Maïzena et versez le champagne bouillant dessus. Faites épaissir le tout à feu doux. Laissez refroidir à température ambiante recouvert de film alimentaire. Battez le beurre en pommade avec un fouet électrique et ajoutez petit à petit la crème.

Garnissez les macarons à l'aide d'une poche à douille puis réservez 24 heures au frais.

Pour 30 macarons

Pour les coques
+ 200 g de sucre glace
+ 110 g de poudre d'amandes
+ 95 g de blancs d'œufs
+ 30 g de sucre
+ Colorant alimentaire or

Pour la garniture
+ 10 cl de champagne
+ 1 œuf
+ 20 g de sucre
+ 10 g de Maïzena
+ 100 g de beurre mou

Macarons au cheesecake citron

Préparation : 1 heure • Repos : 24 heures • Cuisson : 45 minutes • Difficulté : ★★ Budget : ★★

La veille, fouettez le Philadelphia avec le sucre, 2 cuil. à soupe de jus de citron et le zeste. Ajoutez l'œuf et mélangez bien. Versez cette crème dans un petit moule à cake en silicone ou chemisé de papier de cuisson.

Mettez au four 30 minutes à 150 °C (th. 5), éteignez le four et laissez le cheesecake refroidir dans le four puis placez-le 24 heures au frais.

Mixez le sucre glace et la poudre d'amandes pour obtenir une poudre très fine. Montez les blancs d'œufs en neige avec une pincée de sucre. Quand le mélange commence à mousser, ajoutez petit à petit le sucre. Lorsque tout le sucre est incorporé, augmentez doucement la vitesse du batteur et fouettez jusqu'à l'obtention d'une belle meringue qui forme « un bec d'oiseau » lorsqu'on soulève les fouets. Ajoutez du colorant alimentaire crème.

Ajoutez un tiers de mélange poudre d'amandes-sucre glace, mélangez à la spatule pour assouplir la masse. Ajoutez le restant de poudre et mélangez délicatement à la spatule en soulevant la masse, en raclant bien les bords et le fond. Mélangez suffisamment pour lisser la pâte mais sans la liquéfier pour qu'elle ne s'étale pas trop.

Remplissez une poche munie d'une douille de 8 mm et dressez les macarons sur 2 plaques de cuisson superposées et couvertes de papier sulfurisé. Espacez-les suffisamment et décalez les rangées en quinconce pour uniformiser le passage de la chaleur. Tapez avec le plat de la main sous les plaques pour uniformiser les macarons et chasser les bulles d'air. Saupoudrez de crêpes gavottes émiettées. Laissez croûter (sécher) 30 minutes.

Placez au four pour 15 minutes à 150 °C (th. 5). Retournez les plaques à mi-cuisson. Sortez les macarons du four, faites glisser les feuilles de papier sulfurisé avec les coques sur le plan de travail et laissez-les refroidir complètement avant de les décoller.

Coupez une tranche de cheesecake, travaillez-la à la fourchette pour obtenir une pâte crémeuse et Garnissez les macarons. Réservez 24 heures au réfrigérateur avant de déguster.

Pour 40 macarons

Pour la garniture
- 250 g de fromage frais Philadelphia
- 30 g de sucre
- ½ citron
- 1 œuf

Pour les coques
- 200 g de sucre glace
- 110 g de poudre d'amandes
- 95 g de blancs d'œufs
- 30 g de sucre
- Colorant alimentaire crème
- 2 crêpes gavottes

Macarons au chocolat

Préparation : 1 heure • Repos : 24 heures • Cuisson : 25 minutes • Difficulté : ★★ Budget : ★★

Mixez le sucre glace et la poudre d'amandes pour obtenir une poudre très fine. Montez les blancs d'œufs en neige avec une pincée de sucre. Quand le mélange commence à mousser, ajoutez petit à petit le sucre. Lorsque tout le sucre est incorporé, augmentez doucement la vitesse du batteur et fouettez jusqu'à l'obtention d'une belle meringue qui forme « un bec d'oiseau » lorsqu'on soulève les fouets. Ajoutez du colorant alimentaire brun.

Ajoutez un tiers de mélange poudre d'amandes-sucre glace, mélangez à la spatule pour assouplir la masse. Ajoutez le restant de poudre et mélangez délicatement à la spatule en soulevant la masse, en raclant bien les bords et le fond. Mélangez suffisamment pour lisser la pâte mais sans la liquéfier pour qu'elle ne s'étale pas trop.

Remplissez une poche munie d'une douille de 8 mm et dressez les macarons sur 2 plaques de cuisson superposées et couvertes de papier sulfurisé. Espacez-les suffisamment et décalez les rangées en quinconce pour uniformiser le passage de la chaleur. Tapez avec le plat de la main sous les plaques pour uniformiser les macarons et chasser les bulles d'air. Laissez croûter (sécher) 30 minutes.

Placez au four pour 15 minutes à 150 °C (th. 5). Retournez les plaques à mi-cuisson. Sortez les macarons du four, faites glisser les feuilles de papier sulfurisé avec les coques sur le plan de travail et laissez-les refroidir complètement avant de les décoller.

Chauffez la crème liquide dans une casserole jusqu'à ébullition. Versez-la en trois fois sur le chocolat en mélangeant bien à chaque fois afin d'obtenir une ganache onctueuse et lisse. Laissez refroidir puis avant que la ganache n'épaississe complètement, garnissez les macarons à l'aide d'une poche à douille. Réservez 24 heures au réfrigérateur avant de déguster.

Pour 40 macarons

Pour les coques
- 200 g de sucre glace
- 110 g de poudre d'amandes
- 95 g de blancs d'œufs
- 30 g de sucre
- Colorant alimentaire brun

Pour la garniture
- 12 cl de crème liquide entière
- 120 g de chocolat noir

Macarons au chocolat pimenté

Préparation : 1 heure • Repos : 24 heures • Cuisson : 20 minutes • Difficulté : ★★ Budget : ★

Mixez le sucre glace et la poudre d'amandes pour obtenir une poudre très fine. Montez les blancs d'œufs en neige avec une pincée de sucre. Quand le mélange commence à mousser, ajoutez petit à petit le sucre. Lorsque tout le sucre est incorporé, augmentez doucement la vitesse du batteur et fouettez jusqu'à l'obtention d'une belle meringue qui forme « un bec d'oiseau » lorsqu'on soulève les fouets. Ajoutez les colorants brun et rouge irisé à la préparation.

Ajoutez un tiers de mélange poudre d'amandes-sucre glace, mélangez à la spatule pour assouplir la masse. Ajoutez le restant de poudre et mélangez délicatement à la spatule en soulevant la masse, en raclant bien les bords et le fond. Mélangez suffisamment pour lisser la pâte mais sans la liquéfier pour qu'elle ne s'étale pas trop.

Remplissez une poche munie d'une douille de 8 mm et dressez les macarons sur une plaque de cuisson couverte de papier sulfurisé. Espacez-les suffisamment et décalez les rangées en quinconce pour uniformiser le passage de la chaleur. Tapez avec le plat de la main sous la plaque pour uniformiser les macarons et chasser les bulles d'air. Laissez croûter (sécher) 30 minutes.

Placez au four pour 15 minutes à 150 °C (th. 5). Retournez la plaque à mi-cuisson. Sortez les macarons du four, faites glisser la feuille de papier sulfurisé avec les coques sur le plan de travail et laissez-les refroidir complètement avant de les décoller.

Faites chauffer la crème liquide dans une casserole jusqu'à ébullition. Versez-la en 3 fois sur le chocolat râpé, en mélangeant bien à chaque fois afin d'obtenir une ganache onctueuse et lisse. Ajoutez le piment. À la fin, ajoutez le beurre et laissez refroidir.

Avant que la ganache au chocolat noir n'épaississe trop, garnissez tous les macarons à l'aide d'une poche à douille. Réservez 24 heures au frais.

Conseil : pour intensifier la couleur feu, repassez un peu de colorant irisé sur les macarons finis, du bout des doigts ou à l'aide d'un pinceau.

Pour 30 macarons

Pour les coques
+ 200 g de sucre glace
+ 110 g de poudre d'amandes
+ 95 g de blancs d'œufs
+ 30 g de sucre
+ Colorant alimentaire brun
+ Colorant alimentaire rouge irisé

Pour la garniture
+ 10 cl de crème liquide
+ 125 g de chocolat
+ ½ cuil. à café de piment d'Espelette en poudre
+ 25 g de beurre

Macarons au citron

Préparation : 1 heure • Repos : 24 heures • Cuisson : 20 minutes • Difficulté : ★ Budget : ★

Mixez le sucre glace et la poudre d'amandes pour obtenir une poudre très fine. Montez les blancs d'œufs en neige avec une pincée de sucre. Quand le mélange commence à mousser, ajoutez petit à petit le sucre. Lorsque tout le sucre est incorporé, augmentez doucement la vitesse du batteur et fouettez jusqu'à l'obtention d'une belle meringue qui forme « un bec d'oiseau » lorsqu'on soulève les fouets. Ajoutez le colorant jaune.

Ajoutez un tiers de mélange poudre d'amandes-sucre glace, mélangez à la spatule pour assouplir la masse. Ajoutez le restant de poudre et mélangez délicatement à la spatule en soulevant la masse, en raclant bien les bords et le fond. Mélangez suffisamment pour lisser la pâte mais sans la liquéfier pour qu'elle ne s'étale pas trop.

Remplissez une poche munie d'une douille de 8 mm et dressez les macarons sur une plaque de cuisson couverte de papier sulfurisé. Espacez-les suffisamment et décalez les rangées en quinconce pour uniformiser le passage de la chaleur. Tapez avec le plat de la main sous la plaque pour uniformiser les macarons et chasser les bulles d'air. Laissez croûter (sécher) 30 minutes.

Placez au four pour 15 minutes à 150 °C (th. 5). Retournez la plaque à mi-cuisson. Sortez les macarons du four, faites glisser la feuille de papier sulfurisé avec les coques sur le plan de travail et laissez-les refroidir complètement avant de les décoller.

Dans un saladier en métal type cul-de-poule, mélangez l'œuf, 2,5 cl de jus de citron, le zeste de ½ citron, le sucre et 30 g de beurre. Placez la crème de citron dans un bain-marie et, à l'aide d'un fouet, mélangez sans arrêter jusqu'à épaississement. Laissez refroidir à température ambiante.

Fouettez le restant de beurre tempéré en pommade avec un batteur électrique et ajoutez petit à petit la crème au citron. Vous obtenez ainsi une crème onctueuse qui se maintient. Déposez une noix de crème au citron sur la moitié des coques à l'aide d'une poche à douille et fermez les macarons avec les coques restantes. Placez-les 24 heures au réfrigérateur avant de déguster.

Pour 30 macarons

Pour les coques
- 200 g de sucre glace
- 110 g de poudre d'amandes
- 95 g de blancs d'œufs
- 30 g de sucre
- Colorant alimentaire jaune

Pour la crème
- 1 œuf
- 1 citron (non traité)
- 30 g de sucre
- 100 g de beurre

Macarons au cola

Préparation : 1 heure • Repos : 24 heures • Cuisson : 15 minutes • Difficulté : ★ Budget : ★★

Mixez le sucre glace et la poudre d'amandes pour obtenir une poudre très fine. Montez les blancs d'œufs en neige avec une pincée de sucre. Quand le mélange commence à mousser, ajoutez petit à petit le sucre. Lorsque tout le sucre est incorporé, augmentez doucement la vitesse du batteur et fouettez jusqu'à l'obtention d'une belle meringue qui forme « un bec d'oiseau » lorsqu'on soulève les fouets. Ajoutez le colorant brun.

Ajoutez un tiers de mélange poudre d'amandes-sucre glace, mélangez à la spatule pour assouplir la masse. Ajoutez le restant de poudre et mélangez délicatement à la spatule en soulevant la masse, en raclant bien les bords et le fond. Mélangez suffisamment pour lisser la pâte mais sans la liquéfier pour qu'elle ne s'étale pas trop.

Remplissez une poche munie d'une douille de 8 mm et dressez les macarons sur une plaque de cuisson couverte de papier sulfurisé. Espacez-les suffisamment et décalez les rangées en quinconce pour uniformiser le passage de la chaleur. Tapez avec le plat de la main sous la plaque pour uniformiser les macarons et chasser les bulles d'air. Laissez croûter (sécher) 30 minutes.

Placez au four pour 15 minutes à 150 °C (th. 5). Retournez la plaque à mi-cuisson. Sortez les macarons du four, faites glisser la feuille de papier sulfurisé avec les coques sur le plan de travail et laissez-les refroidir complètement avant de les décoller.

Battez le beurre en pommade à l'aide d'un fouet électrique et ajoutez petit à petit le sirop de cola jusqu'à l'obtention d'une crème onctueuse.

Garnissez les macarons à l'aide d'une poche à douille et réservez 24 heures au frais avant de déguster.

Pour 30 macarons

Pour les coques
+ 200 g de sucre glace
+ 110 g de poudre d'amandes
+ 95 g de blancs d'œufs
+ 30 g de sucre
+ Colorant alimentaire brun

Pour la garniture
+ 100 g de beurre
+ 100 g de sirop de cola

Macarons au coquelicot

Préparation : 1 heure • Repos : 24 heures • Cuisson : 20 minutes • Difficulté : ★★ Budget : ★

Mixez le sucre glace et la poudre d'amandes pour obtenir une poudre très fine. Montez les blancs d'œufs en neige avec une pincée de sucre. Quand le mélange commence à mousser, ajoutez petit à petit le sucre. Lorsque tout le sucre est incorporé, augmentez doucement la vitesse du batteur et fouettez jusqu'à l'obtention d'une belle meringue qui forme « un bec d'oiseau » lorsqu'on soulève les fouets. Ajoutez le colorant rouge à la préparation. Saupoudrez le centre des coques de graines de pavot avant de les mettre au four.

Ajoutez 1/3 de mélange poudre d'amandes-sucre glace, mélangez à la spatule pour assouplir la masse. Ajoutez le restant de poudre et mélangez délicatement à la spatule en soulevant la masse, en raclant bien les bords et le fond. Mélangez suffisamment pour lisser la pâte mais sans la liquéfier pour qu'elle ne s'étale pas trop.

Remplissez une poche munie d'une douille de 8 mm et dressez les macarons sur une plaque de cuisson couverte de papier sulfurisé. Espacez-les suffisamment et décalez les rangées en quinconce pour uniformiser le passage de la chaleur. Tapez avec le plat de la main sous la plaque pour uniformiser les macarons et chasser les bulles d'air. Laissez croûter (sécher) 30 minutes.

Placez au four pour 15 minutes à 150 °C (th. 5). Retournez la plaque à mi-cuisson. Sortez les macarons du four, faites glisser la feuille de papier sulfurisé avec les coques sur le plan de travail et laissez-les refroidir complètement avant de les décoller.

Portez le lait à ébullition. Battez l'œuf et le sucre pour que le mélange blanchisse. Ajoutez la Maïzena et versez le lait bouillant dessus. Ajoutez le sirop de coquelicot, le coulis de fraises, une pointe de colorant rouge et faites épaissir la crème à feu doux. Laissez refroidir à température ambiante recouvert d'un film alimentaire au contact de la crème. Battez le beurre en pommade et ajoutez petit à petit la crème.

Garnissez les macarons à l'aide d'une poche à douille et réservez 24 heures au frais.

Pour 30 macarons

Pour les coques
- 200 g de sucre glace
- 110 g de poudre d'amandes
- 95 g de blancs d'œufs
- 30 g de sucre
- Colorant alimentaire rouge
- Graines de pavot

Pour la garniture
- 8 cl de lait
- 1 œuf
- 10 g de sucre
- 10 g de Maïzena
- 4 cuil. à soupe de sirop de coquelicot
- 5 cl de coulis de fraises
- Colorant alimentaire rouge
- 100 g de beurre

Macarons au gélifié de coing

Préparation : 1 h 30 • Repos : 28 heures • Cuisson : 45 minutes • Difficulté : ★★ Budget : ★

Mixez le sucre glace et la poudre d'amandes pour obtenir une poudre très fine. Montez les blancs d'œufs en neige avec une pincée de sucre. Quand le mélange commence à mousser, ajoutez petit à petit le sucre. Lorsque tout le sucre est incorporé, augmentez doucement la vitesse du batteur et fouettez jusqu'à l'obtention d'une belle meringue qui forme « un bec d'oiseau » lorsqu'on soulève les fouets. Ajoutez le colorant jaune et une pointe de rouge à la préparation.

Ajoutez un tiers de mélange poudre d'amandes-sucre glace, mélangez à la spatule pour assouplir la masse. Ajoutez le restant de poudre et mélangez délicatement à la spatule en soulevant la masse, en raclant bien les bords et le fond. Mélangez suffisamment pour lisser la pâte mais sans la liquéfier pour qu'elle ne s'étale pas trop.

Remplissez une poche munie d'une douille de 8 mm et dressez les macarons sur une plaque de cuisson couverte de papier sulfurisé. Espacez-les suffisamment et décalez les rangées en quinconce pour uniformiser le passage de la chaleur. Tapez avec le plat de la main sous la plaque pour uniformiser les macarons et chasser les bulles d'air. Laissez croûter (sécher) 30 minutes.

Placez au four pour 15 minutes à 150 °C (th. 5). Retournez la plaque à mi-cuisson. Sortez les macarons du four, faites glisser la feuille de papier sulfurisé avec les coques sur le plan de travail et laissez-les refroidir complètement avant de les décoller.

Lavez et coupez les coings. Retirez la partie centrale et récupérez les pépins. Mettez les coings coupés en morceaux dans une casserole avec les pépins et 25 cl d'eau. Laissez cuire jusqu'à ce que les fruits soient tendres. Égouttez plusieurs heures. Pesez le jus, on obtient environ 250 g de jus. Versez-le dans une casserole et ajoutez 125 g de sucre gélifiant. Portez à ébullition 15 minutes puis ajoutez la gélatine préalablement ramollie dans l'eau froide. Laissez bouillir 1 minute puis laissez refroidir.

Garnissez les macarons et réservez 24 heures au frais.

Pour 30 macarons

Pour les coques
- 200 g de sucre glace
- 110 g de poudre d'amandes
- 95 g de blancs d'œufs
- 30 g de sucre
- Colorant alimentaire rouge
- Colorant alimentaire jaune

Pour la garniture
- 1 kg de coings
- 125 g de sucre gélifiant à confiture
- 2 feuilles de gélatine

Macarons au gingembre

Préparation : 1 heure • Repos : 24 heures • Cuisson : 20 minutes • Difficulté : ★★ Budget : ★

Mixez le sucre glace et la poudre d'amandes pour obtenir une poudre très fine. Montez les blancs d'œufs en neige avec une pincée de sucre. Quand le mélange commence à mousser, ajoutez petit à petit le sucre. Lorsque tout le sucre est incorporé, augmentez doucement la vitesse du batteur et fouettez jusqu'à l'obtention d'une belle meringue qui forme « un bec d'oiseau » lorsqu'on soulève les fouets. Ajoutez le colorant jaune à la préparation.

Ajoutez un tiers de mélange poudre d'amandes-sucre glace, mélangez à la spatule pour assouplir la masse. Ajoutez le restant de poudre et mélangez délicatement à la spatule en soulevant la masse, en raclant bien les bords et le fond. Mélangez suffisamment pour lisser la pâte mais sans la liquéfier pour qu'elle ne s'étale pas trop.

Remplissez une poche munie d'une douille de 8 mm et dressez les macarons sur une plaque de cuisson couverte de papier sulfurisé. Espacez-les suffisamment et décalez les rangées en quinconce pour uniformiser le passage de la chaleur. Tapez avec le plat de la main sous la plaque pour uniformiser les macarons et chasser les bulles d'air. Laissez croûter (sécher) 30 minutes.

Placez au four pour 15 minutes à 150 °C (th. 5). Retournez la plaque à mi-cuisson. Sortez les macarons du four, faites glisser la feuille de papier sulfurisé avec les coques sur le plan de travail et laissez-les refroidir complètement avant de les décoller.

Faites chauffer le lait dans une casserole avec une pincée de gingembre en poudre. Mélangez l'œuf et le sucre jusqu'à ce que le mélange blanchisse. Ajoutez la Maïzena et versez dessus le lait bouillant. Faites épaissir le tout à feu doux puis laissez-le refroidir à température ambiante, recouvert d'un film alimentaire. Battez le beurre en pommade et ajoutez petit à petit la crème. Coupez le gingembre confit en petits morceaux.

Garnissez les macarons à l'aide d'une poche à douille, placez un morceau de gingembre au centre et réservez 24 heures au frais.

Pour 30 macarons

Pour les coques
- 200 g de sucre glace
- 110 g de poudre d'amandes
- 95 g de blancs d'œufs
- 30 g de sucre
- Colorant alimentaire jaune nacré

Pour la garniture
- 10 cl de lait
- Gingembre en poudre
- 1 œuf
- 20 g de sucre
- 10 g de Maïzena
- 100 g de beurre
- 6 morceaux de gingembre confit

Macarons au grand Marnier

Préparation : 1 heure • Repos : 24 heures • Cuisson : 20 minutes • Difficulté : ★★ Budget : ★

Mixez le sucre glace et la poudre d'amandes pour obtenir une poudre très fine. Montez les blancs d'œufs en neige avec une pincée de sucre. Quand le mélange commence à mousser, ajoutez petit à petit le sucre. Lorsque tout le sucre est incorporé, augmentez doucement la vitesse du batteur et fouettez jusqu'à l'obtention d'une belle meringue qui forme « un bec d'oiseau » lorsqu'on soulève les fouets. Ajoutez une pointe de colorant jaune orangé à la préparation.

Ajoutez 1/3 de mélange poudre d'amandes-sucre glace, mélangez à la spatule pour assouplir la masse. Ajoutez le restant de poudre et mélangez délicatement à la spatule en soulevant la masse, en raclant bien les bords et le fond. Mélangez suffisamment pour lisser la pâte mais sans la liquéfier pour qu'elle ne s'étale pas trop.

Remplissez une poche munie d'une douille de 8 mm et dressez les macarons sur une plaque de cuisson couverte de papier sulfurisé. Espacez-les suffisamment et décalez les rangées en quinconce pour uniformiser le passage de la chaleur. Tapez avec le plat de la main sous la plaque pour uniformiser les macarons et chasser les bulles d'air. Laissez croûter (sécher) 30 minutes.

Placez au four pour 15 minutes à 150 °C (th. 5). Retournez la plaque à mi-cuisson. Sortez les macarons du four, faites glisser la feuille de papier sulfurisé avec les coques sur le plan de travail et laissez-les refroidir complètement avant de les décoller.

Faites chauffer le lait dans une casserole. Mélangez l'œuf et le sucre jusqu'à ce que le mélange blanchisse. Ajoutez la Maïzena et versez dessus le lait bouillant. Faites épaissir le tout à feu doux puis laissez-le refroidir à température ambiante, recouvert d'un film alimentaire. Battez le beurre en pommade et ajoutez petit à petit la crème et le grand Marnier. Garnissez les macarons à l'aide d'une poche à douille et réservez 24 heures au frais.

Conseil : dessinez les initiales G et M avec du chocolat fondu dans un soupçon d'eau et un petit cône en papier sulfurisé qui vous servira de crayon.

Pour 30 macarons

Pour les coques
- 200 g de sucre glace
- 110 g de poudre d'amandes
- 95 g de blancs d'œufs
- 30 g de sucre
- Colorant alimentaire jaune orangé

Pour la garniture
- 10 cl de lait
- 1 œuf
- 20 g de sucre
- 10 g de Maïzena
- 100 g de beurre
- 1 cuil. à soupe de grand Marnier

Macarons au jasmin

Préparation : 1 heure • Repos : 24 heures • Cuisson : 25 minutes • Difficulté : ★★ Budget : ★★

Mixez le sucre glace et la poudre d'amandes pour obtenir une poudre très fine. Montez les blancs d'œufs en neige avec une pincée de sucre. Quand le mélange commence à mousser, ajoutez petit à petit le sucre. Lorsque tout le sucre est incorporé, augmentez doucement la vitesse du batteur et fouettez jusqu'à l'obtention d'une belle meringue qui forme « un bec d'oiseau » lorsqu'on soulève les fouets.

Ajoutez un tiers de mélange poudre d'amandes-sucre glace, mélangez à la spatule pour assouplir la masse. Ajoutez le restant de poudre et mélangez délicatement à la spatule en soulevant la masse, en raclant bien les bords et le fond. Mélangez suffisamment pour lisser la pâte mais sans la liquéfier pour qu'elle ne s'étale pas trop.

Remplissez une poche munie d'une douille de 8 mm et dressez les macarons sur 2 plaques de cuisson superposées et couvertes de papier sulfurisé. Espacez-les suffisamment et décalez les rangées en quinconce pour uniformiser le passage de la chaleur. Tapez avec le plat de la main sous les plaques pour uniformiser les macarons et chasser les bulles d'air. Laissez croûter (sécher) 30 minutes.

Placez au four pour 15 minutes à 150 °C (th. 5). Retournez les plaques à mi-cuisson. Sortez les macarons du four, faites glisser les feuilles de papier sulfurisé avec les coques sur le plan de travail et laissez-les refroidir complètement avant de les décoller. À l'aide d'un pinceau sec, couvrez les coques de poudre irisée argent.

Mettez le chocolat à fondre avec la crème au bain-marie. Lorsque la ganache est homogène et onctueuse, ajoutez l'arôme de jasmin. Laissez refroidir et lorsque la ganache est plus ferme, garnissez les macarons à l'aide d'une poche à douille. Réservez 24 heures au réfrigérateur avant de déguster.

Pour 40 macarons

Pour les coques
+ 200 g de sucre glace
+ 110 g de poudre d'amandes
+ 95 g de blancs d'œufs
+ 30 g de sucre
+ Colorant alimentaire irisé argent

Pour la garniture
+ 150 g de chocolat blanc
+ 6 cl de crème liquide entière
+ Arôme jasmin

Macarons au lemon curd

Préparation : 1 heure • Repos : 24 heures • Cuisson : 20 minutes • Difficulté : ★★ Budget : ★★

Mixez le sucre glace et la poudre d'amandes pour obtenir une poudre très fine. Montez les blancs d'œufs en neige avec une pincée de sucre. Quand le mélange commence à mousser, ajoutez petit à petit le sucre. Lorsque tout le sucre est incorporé, augmentez doucement la vitesse du batteur et fouettez jusqu'à l'obtention d'une belle meringue qui forme « un bec d'oiseau » lorsqu'on soulève les fouets. Ajoutez du colorant alimentaire jaune.

Ajoutez un tiers de mélange poudre d'amandes-sucre glace, mélangez à la spatule pour assouplir la masse. Ajoutez le restant de poudre et mélangez délicatement à la spatule en soulevant la masse, en raclant bien les bords et le fond. Mélangez suffisamment pour lisser la pâte mais sans la liquéfier pour qu'elle ne s'étale pas trop.

Remplissez une poche munie d'une douille de 8 mm et dressez les macarons sur 2 plaques de cuisson superposées et couvertes de papier sulfurisé. Espacez-les suffisamment et décalez les rangées en quinconce pour uniformiser le passage de la chaleur. Tapez avec le plat de la main sous les plaques pour uniformiser les macarons et chasser les bulles d'air. Laissez croûter (sécher) 30 minutes.

Placez au four pour 15 minutes à 150 °C (th. 5). Retournez les plaques à mi-cuisson. Sortez les macarons du four, faites glisser les feuilles de papier sulfurisé avec les coques sur le plan de travail et laissez les refroidir complètement avant de les décoller.

Pressez les citrons et prélevez leur zeste. Dans un saladier en inox type cul-de-poule, versez le jus des citrons, le zeste d'un citron, les œufs battus en omelette et le sucre. À l'aide d'un fouet, mélangez au bain-marie sans arrêter jusqu'à épaississement de la crème. Hors du feu, ajoutez la feuille de gélatine préalablement ramollie dans l'eau froide et essorée puis le beurre coupé en dés. Mélangez bien et laissez refroidir à température ambiante.

Garnissez les macarons à l'aide d'une poche à douille. Réservez 24 heures au réfrigérateur avant de déguster.

Pour 40 macarons

Pour les coques
- 200 g de sucre glace
- 110 g de poudre d'amandes
- 95 g de blancs d'œufs
- 30 g de sucre
- Colorant alimentaire jaune

Pour la garniture
- 2 citrons non traités
- 2 œufs
- 50 g de sucre
- 1 feuille de gélatine
- 50 g de beurre

Macarons au miel

Préparation : 1 heure • Repos : 24 heures • Cuisson : 20 minutes • Difficulté : ★★ Budget : ★

Mixez le sucre glace et la poudre d'amandes pour obtenir une poudre très fine. Montez les blancs d'œufs en neige avec une pincée de sucre. Quand le mélange commence à mousser, ajoutez petit à petit le sucre. Lorsque tout le sucre est incorporé, augmentez doucement la vitesse du batteur et fouettez jusqu'à l'obtention d'une belle meringue qui forme « un bec d'oiseau » lorsqu'on soulève les fouets. Ajoutez le colorant jaune à la préparation. Quand les coques ont refroidi, passez de la poudre cuivrée irisée au pinceau pour rappeler la couleur du miel.

Ajoutez un tiers de mélange poudre d'amandes-sucre glace, mélangez à la spatule pour assouplir la masse. Ajoutez le restant de poudre et mélangez délicatement à la spatule en soulevant la masse, en raclant bien les bords et le fond. Mélangez suffisamment pour lisser la pâte mais sans la liquéfier pour qu'elle ne s'étale pas trop.

Remplissez une poche munie d'une douille de 8 mm et dressez les macarons sur une plaque de cuisson couverte de papier sulfurisé. Espacez-les suffisamment et décalez les rangées en quinconce pour uniformiser le passage de la chaleur. Tapez avec le plat de la main sous la plaque pour uniformiser les macarons et chasser les bulles d'air. Laissez croûter (sécher) 30 minutes.

Placez au four pour 15 minutes à 150 °C (th. 5). Retournez la plaque à mi-cuisson. Sortez les macarons du four, faites glisser la feuille de papier sulfurisé avec les coques sur le plan de travail et laissez-les refroidir complètement avant de les décoller.

Faites chauffer le lait dans une casserole avec le miel. Mélangez l'œuf et le sucre jusqu'à ce que le tout blanchisse. Ajoutez la Maïzena et versez le lait bouillant dessus. Faites épaissir à feu doux. Laissez refroidir à température ambiante recouvert de film alimentaire. Battez le beurre en pommade avec un fouet électrique et ajoutez petit à petit la crème.

Garnissez les macarons à l'aide d'une poche à douille, réservez 24 heures au frais.

Pour 30 macarons

Pour les coques
+ 200 g de sucre glace
+ 110 g de poudre d'amandes
+ 95 g de blancs d'œufs
+ 30 g de sucre
+ Colorant alimentaire jaune cuivré irisé
+ Poudre cuivrée (irisée)

Pour la garniture
+ 10 cl de lait
+ 1 cuil. à soupe de miel
+ 1 œuf
+ 10 g de sucre
+ 10 g de Maïzena
+ 100 g de beurre

Macarons au nougat

Préparation : 1 heure • Repos : 24 heures • Cuisson : 25 minutes • Difficulté : ★★ Budget : ★★

Mixez le sucre glace et la poudre d'amandes pour obtenir une poudre très fine. Montez les blancs d'œufs en neige avec une pincée de sucre. Quand le mélange commence à mousser, ajoutez petit à petit le sucre. Lorsque tout le sucre est incorporé, augmentez doucement la vitesse du batteur et fouettez jusqu'à l'obtention d'une belle meringue qui forme « un bec d'oiseau » lorsqu'on soulève les fouets. Ajoutez du colorant alimentaire crème.

Ajoutez un tiers de mélange poudre d'amandes-sucre glace, mélangez à la spatule pour assouplir la masse. Ajoutez le restant de poudre et mélangez délicatement à la spatule en soulevant la masse, en raclant bien les bords et le fond. Mélangez suffisamment pour lisser la pâte mais sans la liquéfier pour qu'elle ne s'étale pas trop.

Remplissez une poche munie d'une douille de 8 mm et dressez les macarons sur 2 plaques de cuisson superposées et couvertes de papier sulfurisé. Espacez-les suffisamment et décalez les rangées en quinconce pour uniformiser le passage de la chaleur. Tapez avec le plat de la main sous les plaques pour uniformiser les macarons et chasser les bulles d'air. Laissez croûter (sécher) 30 minutes.

Placez au four pour 15 minutes à 150 °C (th. 5). Retournez les plaques à mi-cuisson. Sortez les macarons du four, faites glisser les feuilles de papier sulfurisé avec les coques sur le plan de travail et laissez-les refroidir complètement avant de les décoller.

Coupez les nougats en morceaux, surtout les amandes. Placez-les dans une casserole avec la crème et faites-les fondre sur feu doux. Laissez refroidir et Garnissez les macarons à l'aide d'une poche à douille. Réservez 24 heures au réfrigérateur avant de déguster.

Pour 40 macarons

Pour les coques
+ 200 g de sucre glace
+ 110 g de poudre d'amandes
+ 95 g de blancs d'œufs
+ 30 g de sucre
+ Colorant alimentaire crème

Pour la garniture
+ 200 g de nougat tendre
+ 6 cl de crème liquide entière

Macarons au pain d'épices

Préparation : 1 heure • Repos : 24 heures • Cuisson : 15 minutes • Difficulté : ★★ Budget : ★

Mixez le sucre glace et la poudre d'amandes pour obtenir une poudre très fine. Montez les blancs d'œufs en neige avec une pincée de sucre. Quand le mélange commence à mousser, ajoutez petit à petit le sucre. Lorsque tout le sucre est incorporé, augmentez doucement la vitesse du batteur et fouettez jusqu'à l'obtention d'une belle meringue qui forme « un bec d'oiseau » lorsqu'on soulève les fouets. Ajoutez une pointe de colorant brun à la préparation. Saupoudrez les coques de quatre-épices avant d'enfourner.

Ajoutez un tiers de mélange poudre d'amandes-sucre glace, mélangez à la spatule pour assouplir la masse. Ajoutez le restant de poudre et mélangez délicatement à la spatule en soulevant la masse, en raclant bien les bords et le fond. Mélangez suffisamment pour lisser la pâte mais sans la liquéfier pour qu'elle ne s'étale pas trop.

Remplissez une poche munie d'une douille de 8 mm et dressez les macarons sur une plaque de cuisson couverte de papier sulfurisé. Espacez-les suffisamment et décalez les rangées en quinconce pour uniformiser le passage de la chaleur. Tapez avec le plat de la main sous la plaque pour uniformiser les macarons et chasser les bulles d'air. Laissez croûter (sécher) 30 minutes.

Placez au four pour 15 minutes à 150 °C (th. 5). Retournez la plaque à mi-cuisson. Sortez les macarons du four, faites glisser la feuille de papier sulfurisé avec les coques sur le plan de travail et laissez-les refroidir complètement avant de les décoller.

Réduisez le pain d'épices en miettes, ajoutez la crème liquide et mélangez pour obtenir une crème épaisse. Battez le beurre en pommade, ajoutez le sucre, la poudre de noisettes puis la crème au pain d'épices.

Garnissez les macarons à l'aide d'une poche à douille et réservez 24 heures au frais.

Pour 30 macarons

Pour les coques
- 200 g de sucre glace
- 110 g de poudre d'amandes
- 95 g de blancs d'œufs
- 30 g de sucre
- Colorant alimentaire brun
- 1 cuil. à café de quatre-épices

Pour la garniture
- 4 tranches de pain d'épices
- 3 cuil. à soupe de crème liquide
- 100 g de beurre
- 50 g de sucre glace
- 50 g de poudre de noisettes

Macarons au pamplemousse

Préparation : 1 heure • Repos : 24 heures • Cuisson : 20 minutes • Difficulté : ★★ Budget : ★

Mixez le sucre glace et la poudre d'amandes pour obtenir une poudre très fine. Montez les blancs d'œufs en neige avec une pincée de sucre. Quand le mélange commence à mousser, ajoutez petit à petit le sucre. Lorsque tout le sucre est incorporé, augmentez doucement la vitesse du batteur et fouettez jusqu'à l'obtention d'une belle meringue qui forme « un bec d'oiseau » lorsqu'on soulève les fouets. Ajoutez un peu de colorant jaune à la préparation.

Ajoutez un tiers de mélange poudre d'amandes-sucre glace, mélangez à la spatule pour assouplir la masse. Ajoutez le restant de poudre et mélangez délicatement à la spatule en soulevant la masse, en raclant bien les bords et le fond. Mélangez suffisamment pour lisser la pâte mais sans la liquéfier pour qu'elle ne s'étale pas trop.

Remplissez une poche munie d'une douille de 8 mm et dressez les macarons sur une plaque de cuisson couverte de papier sulfurisé. Espacez-les suffisamment et décalez les rangées en quinconce pour uniformiser le passage de la chaleur. Tapez avec le plat de la main sous la plaque pour uniformiser les macarons et chasser les bulles d'air. Laissez croûter (sécher) 30 minutes.

Placez au four pour 15 minutes à 150 °C (th. 5). Retournez la plaque à mi-cuisson. Sortez les macarons du four, faites glisser la feuille de papier sulfurisé avec les coques sur le plan de travail et laissez-les refroidir complètement avant de les décoller.

Dans un saladier, mélangez l'œuf, 2,5 cl de jus de pamplemousse, le zeste du pamplemousse, le sucre et 30 g de beurre. Placez la crème au pamplemousse dans un bain-marie et, à l'aide d'un fouet, mélangez sans arrêter jusqu'à épaississement de la crème. Laissez refroidir à température ambiante.

Fouettez le restant de beurre tempéré en pommade avec un batteur électrique et ajoutez petit à petit la crème au pamplemousse.

Garnissez les macarons à l'aide d'une poche à douille et réservez 24 heures au frais.

Pour 30 macarons

Pour les coques
+ 200 g de sucre glace
+ 110 g de poudre d'amandes
+ 95 g de blancs d'œufs
+ 30 g de sucre
+ Colorant alimentaire jaune

Pour la garniture
+ 1 œuf
+ ½ pamplemousse (non traité)
+ 30 g de sucre
+ 130 g de beurre

Macarons au pavot

Préparation : 1 heure • Repos : 24 heures • Cuisson : 25 minutes • Difficulté : ★ Budget : ★★

Mixez le sucre glace et la poudre d'amandes pour obtenir une poudre très fine. Montez les blancs d'œufs en neige avec une pincée de sucre. Quand le mélange commence à mousser, ajoutez petit à petit le sucre. Lorsque tout le sucre est incorporé, augmentez doucement la vitesse du batteur et fouettez jusqu'à l'obtention d'une belle meringue qui forme « un bec d'oiseau » lorsqu'on soulève les fouets. Ajoutez un colorant bleu. Vous pouvez également saupoudrer les coques de quelques graines de pavot avant cuisson.

Ajoutez un tiers de mélange poudre d'amandes-sucre glace, mélangez à la spatule pour assouplir la masse. Ajoutez le restant de poudre et mélangez délicatement à la spatule en soulevant la masse, en raclant bien les bords et le fond. Mélangez suffisamment pour lisser la pâte mais sans la liquéfier pour qu'elle ne s'étale pas trop.

Remplissez une poche munie d'une douille de 8 mm et dressez les macarons sur une plaque de cuisson couverte de papier sulfurisé. Espacez-les suffisamment et décalez les rangées en quinconce pour uniformiser le passage de la chaleur. Tapez avec le plat de la main sous la plaque pour uniformiser les macarons et chasser les bulles d'air. Laissez croûter (sécher) 30 minutes.

Placez au four pour 15 minutes à 150 °C (th. 5). Retournez la plaque à mi-cuisson. Sortez les macarons du four, faites glisser la feuille de papier sulfurisé avec les coques sur le plan de travail et laissez-les refroidir complètement avant de les décoller.

Mixez les graines de pavot dans un petit mixeur. Mélangez le pavot, 5 cl de lait et le miel dans une petite casserole et faites mijoter à feu doux jusqu'à obtention d'une pâte épaisse. Réservez.

Mélangez l'œuf et les 20 g de sucre jusqu'à blanchissement. Ajoutez la Maïzena. Versez dessus le lait bouillant et faites épaissir le tout à feu doux. Ajoutez la pâte de pavot et posez un film alimentaire sur la crème. Laissez refroidir. Battez le beurre en pommade à l'aide d'un fouet électrique et ajoutez petit à petit la crème pâtissière au pavot. Garnissez les macarons à l'aide d'une poche à douille et réservez 24 heures au frais avant de déguster.

Pour 30 macarons

Pour les coques
- 200 g de sucre glace
- 110 g de poudre d'amandes
- 95 g de blancs d'œufs
- 30 g de sucre
- Colorant alimentaire bleu

Pour la crème
- 30 g de graines de pavot
- 13 cl de lait
- 1 cuil. à soupe de miel
- 1 œuf
- 20 g de sucre
- 10 g de Maïzena
- 70 g de beurre

Macarons au potiron et à la cardamome

Préparation : 45 minutes • Repos : 48 heures • Cuisson : 20 minutes • Difficulté : ★★ Budget : ★

Mixez le sucre glace et la poudre d'amandes pour obtenir une poudre très fine. Montez les blancs d'œufs en neige avec une pincée de sucre. Quand le mélange commence à mousser, ajoutez petit à petit le sucre. Lorsque tout le sucre est incorporé, augmentez doucement la vitesse du batteur et fouettez jusqu'à l'obtention d'une belle meringue qui forme « un bec d'oiseau » lorsqu'on soulève les fouets. Ajoutez du colorant jaune et une pointe de rouge à la meringue pour obtenir une couleur orange.

Ajoutez un tiers de mélange poudre d'amandes-sucre glace, mélangez à la spatule pour assouplir la masse. Ajoutez le restant de poudre et mélangez délicatement à la spatule en soulevant la masse, en raclant bien les bords et le fond. Mélangez suffisamment pour lisser la pâte mais sans la liquéfier pour qu'elle ne s'étale pas trop.

Remplissez une poche munie d'une douille de 8 mm et dressez les macarons sur une plaque de cuisson couverte de papier sulfurisé. Espacez-les suffisamment et décalez les rangées en quinconce pour uniformiser le passage de la chaleur. Tapez avec le plat de la main sous la plaque pour uniformiser les macarons et chasser les bulles d'air. Laissez croûter (sécher) 30 minutes.

Placez au four pour 15 minutes à 150 °C (th. 5). Retournez la plaque à mi-cuisson. Sortez les macarons du four, faites glisser la feuille de papier sulfurisé avec les coques sur le plan de travail et laissez-les refroidir complètement avant de les décoller.

Faites égoutter la purée de potiron une nuit. Versez la purée dans une casserole, ajoutez le sucre, la crème, la cardamome et les feuilles de gélatine péalablement ramollie dans l'eau froide. Portez à ébullition et laissez bouillir 1 minute en mélangeant doucement. Versez dans un bol, laissez refroidir et gélifier. Une fois le mélange totalement refroidi, assouplissez à la fourchette. Garnissez les macarons à l'aide d'une poche à douille. Placez-les 24 heures au réfrigérateur avant de déguster.

Conseil : vous pouvez remplacer la gélatine par 2 g d'agar-agar.

Pour 30 macarons

Pour les coques
- 200 g de sucre glace
- 110 g de poudre d'amandes
- 95 g de blancs d'œufs
- 30 g de sucre
- Colorant alimentaire rouge
- Colorant alimentaire jaune

Pour la crème
- 200 g de purée de potiron
- 50 g de sucre
- 1 cuil. à soupe de crème fraîche épaisse
- ½ cuil. à café de cardamome en poudre
- 2 g de gélatine

Macarons au quatre-épices

Préparation : 1 heure • Repos : 24 heures • Cuisson : 20 minutes • Difficulté : ★ Budget : ★

Mixez le sucre glace, la poudre d'amandes et la poudre de noisettes pour obtenir une poudre très fine. Montez les blancs d'œufs en neige avec une pincée de sucre. Quand le mélange commence à mousser, ajoutez petit à petit le sucre. Lorsque tout le sucre est incorporé, augmentez doucement la vitesse du batteur et fouettez jusqu'à l'obtention d'une belle meringue qui forme « un bec d'oiseau » lorsqu'on soulève les fouets. Ajoutez une pointe de colorant brun afin d'obtenir une teinte brun clair. Vous pouvez saupoudrer les coques avant cuisson d'un peu de mélange quatre-épices.

Ajoutez un tiers de mélange poudre d'amandes-sucre glace, mélangez à la spatule pour assouplir la masse. Ajoutez le restant de poudre et mélangez délicatement à la spatule en soulevant la masse, en raclant bien les bords et le fond. Mélangez suffisamment pour lisser la pâte mais sans la liquéfier pour qu'elle ne s'étale pas trop.

Remplissez une poche munie d'une douille de 8 mm et dressez les macarons sur une plaque de cuisson couverte de papier sulfurisé. Espacez-les suffisamment et décalez les rangées en quinconce pour uniformiser le passage de la chaleur. Tapez avec le plat de la main sous la plaque pour uniformiser les macarons et chasser les bulles d'air. Laissez croûter (sécher) 30 minutes.

Placez au four pour 15 minutes à 150 °C (th. 5). Retournez la plaque à mi-cuisson. Sortez les macarons du four, faites glisser la feuille de papier sulfurisé avec les coques sur le plan de travail et laissez-les refroidir complètement avant de les décoller.

Faites chauffer le lait dans une casserole avec le mélange quatre-épices. Mélangez l'œuf et les 20 g de sucre jusqu'à blanchissement du mélange. Ajoutez la Maïzena et versez dessus le lait bouillant. Faites épaissir le tout à feu doux. Émiettez les tranches de pain d'épices et mélangez à la crème chaude.

Battez le beurre en pommade à l'aide d'un fouet électrique et ajoutez petit à petit la crème au quatre-épices. Garnissez les macarons de cette crème à l'aide d'une poche à douille et réservez 24 heures au réfrigérateur avant de déguster.

Pour 30 macarons

Pour les coques
+ 200 g de sucre glace
+ 80 g de poudre d'amandes
+ 30 g de poudre de noisettes
+ 95 g de blancs d'œufs
+ 30 g de sucre
+ Colorant alimentaire brun
+ Quatre-épices

Pour la garniture
+ 8 cl de lait
+ ½ cuil. à café de quatre-épices
+ 1 œuf
+ 20 g de sucre
+ 10 g de Maïzena
+ 2 tranches de pain d'épices
+ 70 g de beurre

Macarons au sirop d'érable

Préparation : 1 heure • Repos : 24 heures • Cuisson : 15 minutes • Difficulté : ★ Budget : ★★★

Mixez le sucre glace et la poudre d'amandes pour obtenir une poudre très fine. Montez les blancs d'œufs en neige avec une pincée de sucre. Quand le mélange commence à mousser, ajoutez petit à petit le sucre. Lorsque tout le sucre est incorporé, augmentez doucement la vitesse du batteur et fouettez jusqu'à l'obtention d'une belle meringue qui forme « un bec d'oiseau » lorsqu'on soulève les fouets. Ajoutez une pointe de colorant brun.

Ajoutez un tiers de mélange poudre d'amandes-sucre glace, mélangez à la spatule pour assouplir la masse. Ajoutez le restant de poudre et mélangez délicatement à la spatule en soulevant la masse, en raclant bien les bords et le fond. Mélangez suffisamment pour lisser la pâte mais sans la liquéfier pour qu'elle ne s'étale pas trop.

Remplissez une poche munie d'une douille de 8 mm et dressez les macarons sur une plaque de cuisson couverte de papier sulfurisé. Espacez-les suffisamment et décalez les rangées en quinconce pour uniformiser le passage de la chaleur. Tapez avec le plat de la main sous la plaque pour uniformiser les macarons et chasser les bulles d'air. Laissez croûter (sécher) 30 minutes.

Placez au four pour 15 minutes à 150 °C (th. 5). Retournez la plaque à mi-cuisson. Sortez les macarons du four, faites glisser la feuille de papier sulfurisé avec les coques sur le plan de travail et laissez-les refroidir complètement avant de les décoller.

Battez le beurre en pommade à l'aide d'un fouet électrique et ajoutez petit à petit le sirop d'érable jusqu'à l'obtention d'une crème onctueuse.

Garnissez les macarons à l'aide d'une poche à douille et réservez 24 heures au frais.

Pour 30 macarons
+ 200 g de sucre glace
+ 110 g de poudre d'amandes
+ 95 g de blancs d'œufs
+ 30 g de sucre
+ Colorant alimentaire brun

Pour la crème
+ 100 g de beurre
+ 10 cl de sirop d'érable

Macarons au sirop d'orgeat

Préparation : 1 heure • Repos : 24 heures • Cuisson : 14 minutes • Difficulté : ★★ Budget : ★

Mixez le sucre glace et la poudre d'amandes pour obtenir une poudre très fine. Montez les blancs d'œufs en neige avec une pincée de sucre. Quand le mélange commence à mousser, ajoutez petit à petit le sucre. Lorsque tout le sucre est incorporé, augmentez doucement la vitesse du batteur et fouettez jusqu'à l'obtention d'une belle meringue qui forme « un bec d'oiseau » lorsqu'on soulève les fouets.

Ajoutez un tiers de mélange poudre d'amandes-sucre glace, mélangez à la spatule pour assouplir la masse. Ajoutez le restant de poudre et mélangez délicatement à la spatule en soulevant la masse, en raclant bien les bords et le fond. Mélangez suffisamment pour lisser la pâte mais sans la liquéfier pour qu'elle ne s'étale pas trop.

Remplissez une poche munie d'une douille de 8 mm et dressez les macarons sur une plaque de cuisson couverte de papier sulfurisé. Espacez-les suffisamment et décalez les rangées en quinconce pour uniformiser le passage de la chaleur. Tapez avec le plat de la main sous la plaque pour uniformiser les macarons et chasser les bulles d'air. Laissez croûter (sécher) 30 minutes.

Placez au four pour 15 minutes à 150 °C (th. 5). Retournez la plaque à mi-cuisson. Sortez les macarons du four, faites glisser la feuille de papier sulfurisé avec les coques sur le plan de travail et laissez-les refroidir complètement avant de les décoller.

Battez le beurre en pommade, ajoutez la poudre d'amandes puis, petit à petit, le sirop d'orgeat.

Garnissez les macarons à l'aide d'une poche à douille et réservez 24 heures au frais.

Pour 30 macarons

Pour les coques
+ 200 g de sucre glace
+ 110 g de poudre d'amandes
+ 95 g de blancs d'œufs
+ 30 g de sucre

Pour la garniture
+ 100 g de beurre
+ 50 g de poudre d'amandes
+ 10 cl de sirop d'orgeat

Conseil : vous pouvez intensifier le goût d'amande en ajoutant quelques gouttes d'extrait d'amande amère.

Macarons au thé à la pêche

Préparation : 2 heures • Repos : 24 heures • Cuisson : 20 minutes • Difficulté : ★★ Budget : ★

Mixez le sucre glace et la poudre d'amandes pour obtenir une poudre très fine. Montez les blancs d'œufs en neige avec une pincée de sucre. Quand le mélange commence à mousser, ajoutez petit à petit le sucre. Lorsque tout le sucre est incorporé, augmentez doucement la vitesse du batteur et fouettez jusqu'à l'obtention d'une belle meringue qui forme « un bec d'oiseau » lorsqu'on soulève les fouets. Ajoutez une pointe de colorant jaune à la préparation.

Ajoutez un tiers de mélange poudre d'amandes-sucre glace, mélangez à la spatule pour assouplir la masse. Ajoutez le restant de poudre et mélangez délicatement à la spatule en soulevant la masse, en raclant bien les bords et le fond. Mélangez suffisamment pour lisser la pâte mais sans la liquéfier pour qu'elle ne s'étale pas trop.

Remplissez une poche munie d'une douille de 8 mm et dressez les macarons sur une plaque de cuisson couverte de papier sulfurisé. Espacez-les suffisamment et décalez les rangées en quinconce pour uniformiser le passage de la chaleur. Tapez avec le plat de la main sous la plaque pour uniformiser les macarons et chasser les bulles d'air. Laissez croûter (sécher) 30 minutes.

Placez au four pour 15 minutes à 150 °C (th. 5). Retournez la plaque à mi-cuisson. Sortez les macarons du four, faites glisser la feuille de papier sulfurisé avec les coques sur le plan de travail et laissez-les refroidir complètement avant de les décoller.

Faites infuser le thé dans le lait chaud, 1 heure. Retirez le sachet de thé et faites chauffer le lait dans une casserole. Mélangez l'œuf et le sucre jusqu'à ce que le mélange blanchisse. Ajoutez la Maïzena et versez dessus le lait bouillant. Faites épaissir le tout à feu doux, puis laissez refroidir à température ambiante, recouvert d'un film alimentaire. Battez le beurre en pommade et ajoutez petit à petit la crème. Garnissez les macarons à l'aide d'une poche à douille et réservez 24 heures au frais.

Pour 30 macarons

Pour les coques
- 200 g de sucre glace
- 110 g de poudre d'amandes
- 95 g de blancs d'œufs
- 30 g de sucre
- Colorant alimentaire jaune

Pour la garniture
- 1 sachet de thé arôme pêche
- 10 cl de lait
- 1 œuf
- 20 g de sucre
- 10 g de Maïzena
- 100 g de beurre

Conseil : vous pouvez intensifier le goût de la pêche en ajoutant un peu de sirop de pêche dans la crème.

Macarons au thé matcha et groseilles

Préparation : 1 heure • Repos : 24 heures • Cuisson : 14 minutes • Difficulté : ★ Budget : ★★★

Mixez le sucre glace et la poudre d'amandes pour obtenir une poudre très fine. Montez les blancs d'œufs en neige avec une pincée de sucre. Quand le mélange commence à mousser, ajoutez petit à petit le sucre. Lorsque tout le sucre est incorporé, augmentez doucement la vitesse du batteur et fouettez jusqu'à l'obtention d'une belle meringue qui forme « un bec d'oiseau » lorsqu'on soulève les fouets. Ajoutez le thé matcha au mélange poudre d'amandes et sucre glace.

Ajoutez un tiers de mélange poudre d'amandes-sucre glace, mélangez à la spatule pour assouplir la masse. Ajoutez le restant de poudre et mélangez délicatement à la spatule en soulevant la masse, en raclant bien les bords et le fond. Mélangez suffisamment pour lisser la pâte mais sans la liquéfier pour qu'elle ne s'étale pas trop.

Remplissez une poche munie d'une douille de 8 mm et dressez les macarons sur une plaque de cuisson couverte de papier sulfurisé. Espacez-les suffisamment et décalez les rangées en quinconce pour uniformiser le passage de la chaleur. Tapez avec le plat de la main sous la plaque pour uniformiser les macarons et chasser les bulles d'air. Laissez croûter (sécher) 30 minutes.

Placez au four pour 15 minutes à 150 °C (th. 5). Retournez la plaque à mi-cuisson. Sortez les macarons du four, faites glisser la feuille de papier sulfurisé avec les coques sur le plan de travail et laissez-les refroidir complètement avant de les décoller.

Faites bouillir le lait avec 1 cuil. à café de thé matcha. Mélangez l'œuf et le sucre jusqu'à blanchissement. Ajoutez la Maïzena au mélange et versez dessus le lait bouillant. Faites épaissir à feu doux. Laissez refroidir. Battez le beurre en pommade à l'aide d'un fouet électrique et ajoutez petit à petit la crème au thé matcha.

Garnissez les macarons à l'aide d'une poche à douille et déposez des groseilles avant de les refermer. Réservez 24 heures au frais. Saupoudrez d'un peu de thé matcha avant de déguster.

Pour 30 macarons

Pour les coques
- 200 g de sucre glace
- 110 g de poudre d'amandes
- 95 g de blancs d'œufs
- 30 g de sucre
- ½ cuil. à café de thé matcha

Pour la garniture
- 8 cl de lait
- 2 cuil. à café de thé matcha
- 1 œuf
- 20 g de sucre
- 10 g de Maïzena
- 100 g de beurre
- 250 g de groseilles

Macarons au touron

Préparation : 1 heure • Repos : 24 heures • Cuisson : 14 minutes • Difficulté : ★★ Budget : ★

Mixez le sucre glace et la poudre d'amandes pour obtenir une poudre très fine. Montez les blancs d'œufs en neige avec une pincée de sucre. Quand le mélange commence à mousser, ajoutez petit à petit le sucre. Lorsque tout le sucre est incorporé, augmentez doucement la vitesse du batteur et fouettez jusqu'à l'obtention d'une belle meringue qui forme « un bec d'oiseau » lorsqu'on soulève les fouets. Ajoutez une pointe de colorants brun et jaune à la préparation.

Ajoutez un tiers de mélange poudre d'amandes-sucre glace, mélangez à la spatule pour assouplir la masse. Ajoutez le restant de poudre et mélangez délicatement à la spatule en soulevant la masse, en raclant bien les bords et le fond. Mélangez suffisamment pour lisser la pâte mais sans la liquéfier pour qu'elle ne s'étale pas trop.

Remplissez une poche munie d'une douille de 8 mm et dressez les macarons sur une plaque de cuisson couverte de papier sulfurisé. Espacez-les suffisamment et décalez les rangées en quinconce pour uniformiser le passage de la chaleur. Tapez avec le plat de la main sous la plaque pour uniformiser les macarons et chasser les bulles d'air. Laissez croûter (sécher) 30 minutes.

Placez au four pour 15 minutes à 150 °C (th. 5). Retournez la plaque à mi-cuisson. Sortez les macarons du four, faites glisser la feuille de papier sulfurisé avec les coques sur le plan de travail et laissez-les refroidir complètement avant de les décoller.

Faites fondre le touron dans le lait jusqu'à obtention d'une crème homogène. Laissez refroidir à température ambiante. Battez le beurre en pommade et ajoutez la crème au touron petit à petit.

Garnissez les macarons à l'aide d'une poche à douille et réservez 24 heures au frais.

Pour 30 macarons

Pour les coques
+ 200 g de sucre glace
+ 110 g de poudre d'amandes
+ 95 g de blancs d'œufs
+ 30 g de sucre
+ Colorant alimentaire brun
+ Colorant alimentaire jaune

Pour la garniture
+ 100 g de touron
+ 10 cl de lait
+ 100 g de beurre

Conseil : le touron (*turrón* en espagnol) est une sorte de nougat espagnol.

Macarons aux amandes

Préparation : 1 heure • Repos : 24 heures • Cuisson : 25 minutes • Difficulté : ★★ Budget : ★★

Mixez le sucre glace et la poudre d'amandes pour obtenir une poudre très fine. Montez les blancs d'œufs en neige avec une pincée de sucre. Quand le mélange commence à mousser, ajoutez petit à petit le sucre. Lorsque tout le sucre est incorporé, augmentez doucement la vitesse du batteur et fouettez jusqu'à l'obtention d'une belle meringue qui forme « un bec d'oiseau » lorsqu'on soulève les fouets. Ajoutez du colorant alimentaire crème.

Ajoutez un tiers de mélange poudre d'amandes-sucre glace, mélangez à la spatule pour assouplir la masse. Ajoutez le restant de poudre et mélangez délicatement à la spatule en soulevant la masse, en raclant bien les bords et le fond. Mélangez suffisamment pour lisser la pâte mais sans la liquéfier pour qu'elle ne s'étale pas trop

Remplissez une poche munie d'une douille de 8 mm et dressez les macarons sur 2 plaques de cuisson superposées et couvertes de papier sulfurisé. Espacez-les suffisamment et décalez les rangées en quinconce pour uniformiser le passage de la chaleur. Tapez avec le plat de la main sous les plaques pour uniformiser les macarons et chasser les bulles d'air. Laissez croûter (sécher) 30 minutes.

Placez au four pour 15 minutes à 150 °C (th. 5). Retournez les plaques à mi-cuisson. Sortez les macarons du four, faites glisser les feuilles de papier sulfurisé avec les coques sur le plan de travail et laissez-les refroidir complètement avant de les décoller.

Étalez la poudre d'amandes sur une plaque recouverte de papier de cuisson. Torréfiez-la 10 minutes à 180 °C (th. 6), elle doit brunir légèrement. Laissez-la refroidir puis mélangez-la au sucre glace. Ajoutez la crème, le beurre pommade et fouettez l'ensemble. Garnissez les macarons à l'aide d'une poche à douille. Réservez 24 heures au réfrigérateur avant de déguster.

Pour 40 macarons

Pour les coques
+ 200 g de sucre glace
+ 110 g de poudre d'amandes
+ 95 g de blancs d'œufs
+ 30 g de sucre
+ Colorant alimentaire crème

Pour la garniture
+ 100 g de poudre d'amandes
+ 60 g de sucre glace
+ 6 cl de crème liquide entière
+ 80 g de beurre

Macarons aux azukis

Préparation : 1 heure • Repos : 36 heures • Cuisson : 2 h 15 • Difficulté : ★★ Budget : ★

Faites tremper les azukis dans de l'eau toute une nuit.

Mixez le sucre glace et la poudre d'amandes pour obtenir une poudre très fine. Montez les blancs d'œufs en neige avec une pincée de sucre. Quand le mélange commence à mousser, ajoutez petit à petit le sucre. Lorsque tout le sucre est incorporé, augmentez doucement la vitesse du batteur et fouettez jusqu'à l'obtention d'une belle meringue qui forme « un bec d'oiseau » lorsqu'on soulève les fouets. Ajoutez du colorant alimentaire.

Ajoutez un tiers de mélange poudre d'amandes-sucre glace, mélangez à la spatule pour assouplir la masse. Ajoutez le restant de poudre et mélangez délicatement à la spatule en soulevant la masse, en raclant bien les bords et le fond. Mélangez suffisamment pour lisser la pâte mais sans la liquéfier pour qu'elle ne s'étale pas trop.

Remplissez une poche munie d'une douille de 8 mm et dressez les macarons sur une plaque de cuisson couverte de papier sulfurisé. Espacez-les suffisamment et décalez les rangées en quinconce pour uniformiser le passage de la chaleur. Tapez avec le plat de la main sous la plaque pour uniformiser les macarons et chasser les bulles d'air. Laissez croûter (sécher) 30 minutes.

Placez au four pour 15 minutes à 150 °C (th. 5). Retournez la plaque à mi-cuisson. Sortez les macarons du four, faites glisser la feuille de papier sulfurisé avec les coques sur le plan de travail et laissez-les refroidir complètement avant de les décoller.

Faites cuire les azukis 2 heures dans une grande casserole d'eau. Égouttez-les et rincez-les, puis passez-les dans un presse-purée. Mélangez la purée d'azukis avec le miel et le gingembre en poudre. Garnissez les macarons à l'aide d'une poche à douille et réservez 24 heures au frais.

Pour 30 macarons

Pour les coques
- 200 g de sucre glace
- 110 g de poudre d'amandes
- 95 g de blancs d'œufs
- 30 g de sucre
- Colorant alimentaire rouge

Pour la garniture
- 250 g d'azukis
- 2 cuil. à soupe de miel
- ½ cuil. à café de gingembre en poudre

Conseil : les azukis sont utilisés couramment dans la cuisine japonaise et surtout la pâtisserie. Vous les trouverez dans les magasins asiatiques ou bio.

Macarons aux fraises Tagada

Préparation : 1 heure • Repos : 24 heures • Cuisson : 20 minutes • Difficulté : ★★ Budget : ★

Mixez le sucre glace et la poudre d'amandes pour obtenir une poudre très fine. Montez les blancs d'œufs en neige avec une pincée de sucre. Quand le mélange commence à mousser, ajoutez petit à petit le sucre. Lorsque tout le sucre est incorporé, augmentez doucement la vitesse du batteur et fouettez jusqu'à l'obtention d'une belle meringue qui forme « un bec d'oiseau » lorsqu'on soulève les fouets. Ajoutez une pointe de colorant rouge à la préparation pour obtenir une couleur rose. Saupoudrez les coques avant cuisson de sucre.

Ajoutez un tiers de mélange poudre d'amandes-sucre glace, mélangez à la spatule pour assouplir la masse. Ajoutez le restant de poudre et mélangez délicatement à la spatule en soulevant la masse, en raclant bien les bords et le fond. Mélangez suffisamment pour lisser la pâte mais sans la liquéfier pour qu'elle ne s'étale pas trop.

Remplissez une poche munie d'une douille de 8 mm et dressez les macarons sur une plaque de cuisson couverte de papier sulfurisé. Espacez-les suffisamment et décalez les rangées en quinconce pour uniformiser le passage de la chaleur. Tapez avec le plat de la main sous la plaque pour uniformiser les macarons et chasser les bulles d'air. Laissez croûter (sécher) 30 minutes.

Placez au four pour 15 minutes à 150 °C (th. 5). Retournez la plaque à mi-cuisson. Sortez les macarons du four, faites glisser la feuille de papier sulfurisé avec les coques sur le plan de travail et laissez-les refroidir complètement avant de les décoller.

Mettez dans une casserole le lait et les fraises Tagada. Chauffez jusqu'à ce que les bonbons soient complètement fondus puis ajoutez la Maïzena et faites épaissir à feu doux. Laissez refroidir à température ambiante. Battez le beurre en pommade et ajoutez petit à petit la crème aux fraises Tagada.

Garnissez les macarons à l'aide d'une poche à douille et réservez au frais 24 heures avant de déguster.

Pour 30 macarons

Pour les coques
- 200 g de sucre glace
- 110 g de poudre d'amandes
- 95 g de blancs d'œufs
- 30 g de sucre
- Colorant alimentaire rouge

Pour la garniture
- 8 cl de lait
- 80 g de fraises Tagada
- 10 g de Maïzena
- 10 g de beurre

Macarons aux fruits de la passion

Préparation : 45 minutes • Repos : 24 heures • Cuisson : 20 minutes • Difficulté : ★★ Budget : ★★★

Mixez le sucre glace et la poudre d'amandes pour obtenir une poudre très fine. Montez les blancs d'œufs en neige avec une pincée de sucre. Quand le mélange commence à mousser, ajoutez petit à petit le sucre. Lorsque tout le sucre est incorporé, augmentez doucement la vitesse du batteur et fouettez jusqu'à l'obtention d'une belle meringue qui forme « un bec d'oiseau » lorsqu'on soulève les fouets. Ajoutez du colorant jaune et une pointe de rouge à la meringue pour obtenir une couleur orange.

Ajoutez un tiers de mélange poudre d'amandes-sucre glace, mélangez à la spatule pour assouplir la masse. Ajoutez le restant de poudre et mélangez délicatement à la spatule en soulevant la masse, en raclant bien les bords et le fond. Mélangez suffisamment pour lisser la pâte mais sans la liquéfier pour qu'elle ne s'étale pas trop.

Remplissez une poche munie d'une douille de 8 mm et dressez les macarons sur une plaque de cuisson couverte de papier sulfurisé. Espacez-les suffisamment et décalez les rangées en quinconce pour uniformiser le passage de la chaleur. Tapez avec le plat de la main sous la plaque pour uniformiser les macarons et chasser les bulles d'air. Laissez croûter (sécher) 30 minutes.

Placez au four pour 15 minutes à 150 °C (th. 5). Retournez la plaque à mi-cuisson. Sortez les macarons du four, faites glisser la feuille de papier sulfurisé avec les coques sur le plan de travail et laissez-les refroidir complètement avant de les décoller.

Versez dans une casserole le coulis passion, ajoutez le sucre et la gélatine préalablement ramollie dans l'eau froide. Portez à ébullition et laissez bouillir 1 minute en mélangeant doucement. Versez dans un bol, laissez refroidir. Une fois le mélange refroidi, mais avant que le coulis ne soit totalement gélifié, garnissez les macarons à l'aide d'une poche à douille. Placez-les 24 heures au réfrigérateur avant de déguster.

Conseil : si vous n'avez pas de coulis de fruits de la passion, faites une crème au beurre avec 100 g de beurre tempéré et 100 g de crème anglaise puis ajoutez la pulpe de 4 fruits de la passion, plus faciles à se procurer.

Pour 30 macarons

Pour les coques
- 200 g de sucre glace
- 110 g de poudre d'amandes
- 95 g de blancs d'œufs
- 30 g de sucre
- Colorant alimentaire jaune
- Colorant alimentaire rouge

Pour la crème
- 200 g de coulis de fruits de la passion
- 40 g de sucre gélifiant à confiture
- 4 g de gélatine

Macarons aux griottes

Préparation : 1 heure • Repos : 24 heures • Cuisson : 35 minutes • Difficulté : ★★ Budget : ★★

Mixez le sucre glace et la poudre d'amandes pour obtenir une poudre très fine. Montez les blancs d'œufs en neige avec une pincée de sucre. Quand le mélange commence à mousser, ajoutez petit à petit le sucre. Lorsque tout le sucre est incorporé, augmentez doucement la vitesse du batteur et fouettez jusqu'à l'obtention d'une belle meringue qui forme « un bec d'oiseau » lorsqu'on soulève les fouets. Ajoutez le colorant rouge à la préparation.

Ajoutez un tiers de mélange poudre d'amandes-sucre glace, mélangez à la spatule pour assouplir la masse. Ajoutez le restant de poudre et mélangez délicatement à la spatule en soulevant la masse, en raclant bien les bords et le fond. Mélangez suffisamment pour lisser la pâte mais sans la liquéfier pour qu'elle ne s'étale pas trop.

Remplissez une poche munie d'une douille de 8 mm et dressez les macarons sur une plaque de cuisson couverte de papier sulfurisé. Espacez-les suffisamment et décalez les rangées en quinconce pour uniformiser le passage de la chaleur. Tapez avec le plat de la main sous la plaque pour uniformiser les macarons et chasser les bulles d'air. Laissez croûter (sécher) 30 minutes.

Placez au four pour 15 minutes à 150 °C (th. 5). Retournez la plaque à mi-cuisson. Sortez les macarons du four, faites glisser la feuille de papier sulfurisé avec les coques sur le plan de travail et laissez-les refroidir complètement avant de les décoller.

Réduisez les griottes en purée, mélangez celle-ci aux sucres et laissez compoter 20 minutes à feu doux. Ajoutez la gélatine préalablement ramollie dans de l'eau froide et laissez sur le feu encore 1 minute. Laissez refroidir. Garnissez les macarons à l'aide d'une poche à douille avant que la gelée ne soit totalement figée et réservez 24 heures au frais.

Pour 30 macarons

Pour les coques
- 200 g de sucre glace
- 110 g de poudre d'amandes
- 95 g de blancs d'œufs
- 30 g de sucre
- Colorant alimentaire rouge

Pour la garniture
- 300 g de griottes
- 30 g de sucre gélifiant à confiture
- 70 g de sucre
- 2 g de gélatine

Conseil : vous pouvez utiliser des griottes en bocal ou surgelées. Vous pouvez remplacer la gélatine par 1 g d'agar-agar.

Macarons aux groseilles meringuées

Préparation : 1 heure • Cuisson : 15 minutes • Difficulté : ★★ Budget : ★★

Mixez le sucre glace et la poudre d'amandes pour obtenir une poudre très fine. Montez les blancs d'œufs en neige avec une pincée de sucre. Quand le mélange commence à mousser, ajoutez petit à petit le sucre. Lorsque tout le sucre est incorporé, augmentez doucement la vitesse du batteur et fouettez jusqu'à l'obtention d'une belle meringue qui forme « un bec d'oiseau » lorsqu'on soulève les fouets. Ajoutez le colorant rouge à la préparation.

Ajoutez un tiers de mélange poudre d'amandes-sucre glace, mélangez à la spatule pour assouplir la masse. Ajoutez le restant de poudre et mélangez délicatement à la spatule en soulevant la masse, en raclant bien les bords et le fond. Mélangez suffisamment pour lisser la pâte mais sans la liquéfier pour qu'elle ne s'étale pas trop.

Remplissez une poche munie d'une douille de 8 mm et dressez les macarons sur une plaque de cuisson couverte de papier sulfurisé. Espacez-les suffisamment et décalez les rangées en quinconce pour uniformiser le passage de la chaleur. Tapez avec le plat de la main sous la plaque pour uniformiser les macarons et chasser les bulles d'air. Laissez croûter (sécher) 30 minutes.

Placez au four pour 15 minutes à 150 °C (th. 5). Retournez la plaque à mi-cuisson. Sortez les macarons du four, faites glisser la feuille de papier sulfurisé avec les coques sur le plan de travail et laissez-les refroidir complètement avant de les décoller.

Battez les blancs d'œufs en neige. Faites un sirop avec le sucre et 4 cl d'eau chauffée à 120 °C. Ralentissez le batteur et versez le sirop chaud sur les blancs montés en neige puis battez jusqu'au refroidissement total.

Garnissez les macarons d'une petite couche de confiture de groseilles, placez les groseilles et, à l'aide d'une poche à douille, recouvrez-les de meringue. Dorez la meringue avec un chalumeau.

Dégustez dans les 4 heures avant que les macarons ne ramollissent.

Pour 30 macarons

Pour les coques
- 200 g de sucre glace
- 110 g de poudre d'amandes
- 95 g de blancs d'œufs
- 30 g de sucre
- Colorant alimentaire rouge

Pour la meringue
- 2 blancs d'œufs
- 100 g de sucre

Pour la garniture
- Confiture de groseilles
- 200 g de groseilles

Macarons aux kiwis

Préparation : 1 heure • Repos : 24 heures • Cuisson : 37 minutes • Difficulté : ★★ Budget : ★

Mixez le sucre glace et la poudre d'amandes pour obtenir une poudre très fine. Montez les blancs d'œufs en neige avec une pincée de sucre. Quand le mélange commence à mousser, ajoutez petit à petit le sucre. Lorsque tout le sucre est incorporé, augmentez doucement la vitesse du batteur et fouettez jusqu'à l'obtention d'une belle meringue qui forme « un bec d'oiseau » lorsqu'on soulève les fouets. Ajoutez le colorant vert à la meringue.

Ajoutez un tiers de mélange poudre d'amandes-sucre glace, mélangez à la spatule pour assouplir la masse. Ajoutez le restant de poudre et mélangez délicatement à la spatule en soulevant la masse, en raclant bien les bords et le fond. Mélangez suffisamment pour lisser la pâte mais sans la liquéfier pour qu'elle ne s'étale pas trop.

Remplissez une poche munie d'une douille de 8 mm et dressez les macarons sur une plaque de cuisson couverte de papier sulfurisé. Espacez-les suffisamment et décalez les rangées en quinconce pour uniformiser le passage de la chaleur. Tapez avec le plat de la main sous la plaque pour uniformiser les macarons et chasser les bulles d'air. Laissez croûter (sécher) 30 minutes.

Placez au four pour 15 minutes à 150 °C (th. 5). Retournez la plaque à mi-cuisson. Sortez les macarons du four, faites glisser la feuille de papier sulfurisé avec les coques sur le plan de travail et laissez-les refroidir complètement avant de les décoller.

Prélevez la pulpe des kiwis, réduisez-la en purée et placez-la dans une casserole avec le sucre gélifiant. Portez à ébullition puis laissez compoter 20 minutes en remuant de temps en temps à feu doux. Au bout de ce temps, le jus des fruits doit être évaporé. Ajoutez la gélatine préalablement ramollie dans l'eau froide et laissez mijoter encore 2 minutes. Versez la compote de kiwis dans un bol et laissez refroidir. Garnissez les macarons à l'aide d'une poche à douille ou un couteau rond et réservez 24 heures au frais.

Conseil : cette compotée de kiwis reste acidulée ; si vous désirez qu'elle le soit moins, ajoutez du sucre pendant la cuisson.

Pour 30 macarons

Pour les coques
- 200 g de sucre glace
- 110 g de poudre d'amandes
- 95 g de blancs d'œufs
- 30 g de sucre
- Colorant alimentaire vert

Pour la garniture
- 8 kiwis bien mûrs
- 50 g de sucre gélifiant à confiture
- 2 g de gélatine

Macarons aux litchis

Préparation : 1 heure • Repos : 24 heures • Cuisson : 16 minutes • Difficulté : ★★ Budget : ★

Mixez le sucre glace et la poudre d'amandes pour obtenir une poudre très fine. Montez les blancs d'œufs en neige avec une pincée de sucre. Quand le mélange commence à mousser, ajoutez petit à petit le sucre. Lorsque tout le sucre est incorporé, augmentez doucement la vitesse du batteur et fouettez jusqu'à l'obtention d'une belle meringue qui forme « un bec d'oiseau » lorsqu'on soulève les fouets. Ajoutez une pointe de colorant rouge à la préparation.

Ajoutez un tiers de mélange poudre d'amandes-sucre glace, mélangez à la spatule pour assouplir la masse. Ajoutez le restant de poudre et mélangez délicatement à la spatule en soulevant la masse, en raclant bien les bords et le fond. Mélangez suffisamment pour lisser la pâte mais sans la liquéfier pour qu'elle ne s'étale pas trop.

Remplissez une poche munie d'une douille de 8 mm et dressez les macarons sur une plaque de cuisson couverte de papier sulfurisé. Espacez-les suffisamment et décalez les rangées en quinconce pour uniformiser le passage de la chaleur. Tapez avec le plat de la main sous la plaque pour uniformiser les macarons et chasser les bulles d'air. Laissez croûter (sécher) 30 minutes.

Placez au four pour 15 minutes à 150 °C (th. 5). Retournez la plaque à mi-cuisson. Sortez les macarons du four, faites glisser la feuille de papier sulfurisé avec les coques sur le plan de travail et laissez-les refroidir complètement avant de les décoller.

Faites fondre le chocolat blanc avec la crème, 3 fois 30 secondes au four à micro-ondes. Lissez bien la ganache et ajoutez les litchis égouttés et réduits en purée.

Laissez commencer à figer puis Garnissez les macarons à l'aide d'une poche à douille et réservez 24 heures au frais.

Pour 30 macarons

Pour les coques
+ 200 g de sucre glace
+ 110 g de poudre d'amandes
+ 95 g de blancs d'œufs
+ 30 g de sucre
+ Colorant alimentaire rouge

Pour la garniture
+ 120 g de chocolat blanc
+ 4 cl de crème liquide entière
+ 70 g de litchis en boîte

Macarons aux noix

Préparation : 1 heure • Repos : 24 heures • Cuisson : 25 minutes • Difficulté : ★★ Budget : ★

Mixez le sucre glace et la poudre d'amandes pour obtenir une poudre très fine. Montez les blancs d'œufs en neige avec une pincée de sucre. Quand le mélange commence à mousser, ajoutez petit à petit le sucre. Lorsque tout le sucre est incorporé, augmentez doucement la vitesse du batteur et fouettez jusqu'à l'obtention d'une belle meringue qui forme « un bec d'oiseau » lorsqu'on soulève les fouets. Ajoutez une pointe de colorant brun à la préparation et saupoudrez-les de noix hachées.

Ajoutez un tiers de mélange poudre d'amandes-sucre glace, mélangez à la spatule pour assouplir la masse. Ajoutez le restant de poudre et mélangez délicatement à la spatule en soulevant la masse, en raclant bien les bords et le fond. Mélangez suffisamment pour lisser la pâte mais sans la liquéfier pour qu'elle ne s'étale pas trop.

Remplissez une poche munie d'une douille de 8 mm et dressez les macarons sur une plaque de cuisson couverte de papier sulfurisé. Espacez-les suffisamment et décalez les rangées en quinconce pour uniformiser le passage de la chaleur. Tapez avec le plat de la main sous la plaque pour uniformiser les macarons et chasser les bulles d'air. Laissez croûter (sécher) 30 minutes.

Placez au four pour 15 minutes à 150 °C (th. 5). Retournez la plaque à mi-cuisson. Sortez les macarons du four, faites glisser la feuille de papier sulfurisé avec les coques sur le plan de travail et laissez-les refroidir complètement avant de les décoller.

Faites griller les noix 5 minutes dans un four à 220 °C (th. 8) puis mixez-les finement. Faites chauffer le lait dans une casserole. Mélangez l'œuf et le sucre jusqu'à ce que le mélange blanchisse. Ajoutez la Maïzena, la poudre de noix et versez dessus le lait bouillant. Faites épaissir le tout à feu doux. Laissez refroidir à température ambiante recouvert de film alimentaire. Battez le beurre en pommade avec un fouet électrique et ajoutez petit à petit la crème aux noix.

Garnissez les macarons à l'aide d'une poche à douille et réservez 24 heures au frais.

Pour 30 macarons

Pour les coques
- 200 g de sucre glace
- 110 g de poudre d'amandes
- 95 g de blancs d'œufs
- 30 g de sucre
- Colorant alimentaire brun
- Noix hachées

Pour la garniture
- 40 g de noix
- 10 cl de lait
- 1 œuf
- 20 g de sucre
- 10 g de Maïzena
- 100 g de beurre

Macarons aux noix de pécan et sirop d'érabl

Préparation : 1 heure • Repos : 24 heures • Cuisson : 20 minutes • Difficulté : ★★ Budget : ★

Mixez le sucre glace et la poudre d'amandes pour obtenir une poudre très fine. Montez les blancs d'œufs en neige avec une pincée de sucre. Quand le mélange commence à mousser, ajoutez petit à petit le sucre. Lorsque tout le sucre est incorporé, augmentez doucement la vitesse du batteur et fouettez jusqu'à l'obtention d'une belle meringue qui forme « un bec d'oiseau » lorsqu'on soulève les fouets. Ajoutez une pointe de colorant brun à la préparation.

Ajoutez un tiers de mélange poudre d'amandes-sucre glace, mélangez à la spatule pour assouplir la masse. Ajoutez le restant de poudre et mélangez délicatement à la spatule en soulevant la masse, en raclant bien les bords et le fond. Mélangez suffisamment pour lisser la pâte mais sans la liquéfier pour qu'elle ne s'étale pas trop.

Remplissez une poche munie d'une douille de 8 mm et dressez les macarons sur une plaque de cuisson couverte de papier sulfurisé. Espacez-les suffisamment et décalez les rangées en quinconce pour uniformiser le passage de la chaleur. Tapez avec le plat de la main sous la plaque pour uniformiser les macarons et chasser les bulles d'air. Laissez croûter (sécher) 30 minutes.

Placez au four pour 15 minutes à 150 °C (th. 5). Retournez la plaque à mi-cuisson. Sortez les macarons du four, faites glisser la feuille de papier sulfurisé avec les coques sur le plan de travail et laissez-les refroidir complètement avant de les décoller.

Faites chauffer le lait dans une casserole. Mélangez l'œuf et le sirop d'érable jusqu'à ce que le mélange blanchisse. Ajoutez la Maïzena et versez dessus le lait bouillant. Faites épaissir le tout à feu doux. Laissez refroidir à température ambiante recouvert de film alimentaire. Battez le beurre en pommade avec un fouet électrique et ajoutez petit à petit la crème et les noix de pécan que vous aurez préalablement hachées.

Garnissez les macarons à l'aide d'un couteau et réservez 24 heures au frais.

Pour 30 macarons

Pour les coques
- 200 g de sucre glace
- 110 g de poudre d'amandes
- 95 g de blancs d'œufs
- 30 g de sucre
- Colorant alimentaire brun

Pour la garniture
- 10 cl de lait
- 1 œuf
- 2 cuil. à soupe de sirop d'érable
- 10 g de Maïzena
- 100 g de beurre
- 40 g de noix de pécan

Macarons aux pralines roses

Préparation : 1 h 30 • Repos : 24 heures • Cuisson : 20 minutes • Difficulté : ★ Budget : ★★★

Mélangez la poudre d'amandes et la poudre de noisettes.

Mixez le sucre glace et la poudre d'amandes pour obtenir une poudre très fine. Montez les blancs d'œufs en neige avec une pincée de sucre. Quand le mélange commence à mousser, ajoutez petit à petit le sucre. Lorsque tout le sucre est incorporé, augmentez doucement la vitesse du batteur et fouettez jusqu'à l'obtention d'une belle meringue qui forme « un bec d'oiseau » lorsqu'on soulève les fouets. Ajoutez une pointe de colorant rouge afin d'obtenir une teinte rose.

Ajoutez un tiers de mélange poudre d'amandes-sucre glace, mélangez à la spatule pour assouplir la masse. Ajoutez le restant de poudre et mélangez délicatement à la spatule en soulevant la masse, en raclant bien les bords et le fond. Mélangez suffisamment pour lisser la pâte mais sans la liquéfier pour qu'elle ne s'étale pas trop.

Remplissez une poche munie d'une douille de 8 mm et dressez les macarons sur une plaque de cuisson couverte de papier sulfurisé. Espacez-les suffisamment et décalez les rangées en quinconce pour uniformiser le passage de la chaleur. Tapez avec le plat de la main sous la plaque pour uniformiser les macarons et chasser les bulles d'air. Laissez croûter (sécher) 30 minutes.

Parsemez quelques brisures de pralines roses sur les coques avant cuisson. Placez au four pour 15 minutes à 150 °C (th. 5). Retournez la plaque à mi-cuisson. Sortez les macarons du four, faites glisser la feuille de papier sulfurisé avec les coques sur le plan de travail et laissez-les refroidir complètement avant de les décoller.

Mélangez l'œuf et le sucre jusqu'à blanchissement du mélange. Ajoutez la Maïzena et versez dessus le lait bouillant. Faites épaissir le tout à feu doux. Laissez refroidir.

Battez le beurre en pommade à l'aide d'un fouet électrique et ajoutez la crème petit à petit. À la fin, ajoutez les pralines roses concassées et laissez reposer la crème une demi-heure. Mélangez-la de nouveau afin que le sucre de praline la colore et la parfume. Garnissez les macarons à l'aide d'une poche à douille et réservez 24 heures au frais avant de déguster.

Pour 30 macarons

Pour les coques
+ 200 g de sucre glace
+ 80 g de poudre d'amandes
+ 30 g de poudre de noisettes
+ 95 g de blancs d'œufs
+ 30 g de sucre
+ Colorant alimentaire rouge
+ Pralines roses

Pour la garniture
+ 1 œuf
+ 20 g de sucre
+ 10 g de Maïzena
+ 8 cl de lait
+ 100 g de beurre
+ 6 pralines roses

Macarons aux spéculoos

Préparation : 1 heure • Repos : 24 heures • Cuisson : 20 minutes • Difficulté : ★★ Budget : ★

Mixez le sucre glace et la poudre d'amandes pour obtenir une poudre très fine. Montez les blancs d'œufs en neige avec une pincée de sucre. Quand le mélange commence à mousser, ajoutez petit à petit le sucre. Lorsque tout le sucre est incorporé, augmentez doucement la vitesse du batteur et fouettez jusqu'à l'obtention d'une belle meringue qui forme « un bec d'oiseau » lorsqu'on soulève les fouets. Ajoutez une pointe de colorant brun à la préparation. Parsemez les coques de poudre de spéculoos avant de les enfourner.

Ajoutez un tiers de mélange poudre d'amandes-sucre glace, mélangez à la spatule pour assouplir la masse. Ajoutez le restant de poudre et mélangez délicatement à la spatule en soulevant la masse, en raclant bien les bords et le fond. Mélangez suffisamment pour lisser la pâte mais sans la liquéfier pour qu'elle ne s'étale pas trop.

Remplissez une poche munie d'une douille de 8 mm et dressez les macarons sur une plaque de cuisson couverte de papier sulfurisé. Espacez-les suffisamment et décalez les rangées en quinconce pour uniformiser le passage de la chaleur. Tapez avec le plat de la main sous la plaque pour uniformiser les macarons et chasser les bulles d'air. Laissez croûter (sécher) 30 minutes.

Placez au four pour 15 minutes à 150 °C (th. 5). Retournez la plaque à mi-cuisson. Sortez les macarons du four, faites glisser la feuille de papier sulfurisé avec les coques sur le plan de travail et laissez-les refroidir complètement avant de les décoller.

Mélangez l'œuf et le sucre jusqu'à ce que le mélange blanchisse. Faites bouillir le lait. Ajoutez la Maïzena au mélange et versez le lait bouillant dessus. Ajoutez les spéculoos réduits en poudre. Faites épaissir à feu doux. Laissez refroidir à température ambiante.

Battez le beurre en pommade à l'aide d'un fouet électrique et ajoutez petit à petit la crème. Garnissez les macarons à l'aide d'une poche à douille et réservez 24 heures au frais.

Pour 30 macarons

Pour les coques
- 200 g de sucre glace
- 110 g de poudre d'amandes
- 95 g de blancs d'œufs
- 30 g de sucre
- Colorant alimentaire brun
- Spéculoos

Pour la garniture
- 1 œuf
- 20 g de sucre
- 10 cl de lait
- 10 g de Maïzena
- 80 g de spéculoos
- 100 g de beurre

Macarons aux tomates vertes

Préparation : 1 heure • Repos : 24 heures • Cuisson : 45 minutes • Difficulté : ★★ Budget : ★

Mixez le sucre glace et la poudre d'amandes pour obtenir une poudre très fine. Montez les blancs d'œufs en neige avec une pincée de sucre. Quand le mélange commence à mousser, ajoutez petit à petit le sucre. Lorsque tout le sucre est incorporé, augmentez doucement la vitesse du batteur et fouettez jusqu'à l'obtention d'une belle meringue qui forme « un bec d'oiseau » lorsqu'on soulève les fouets. Ajoutez le colorant vert à la préparation. Saupoudrez les coques de graines de nigelle avant de les mettre au four.

Ajoutez un tiers de mélange poudre d'amandes-sucre glace, mélangez à la spatule pour assouplir la masse. Ajoutez le restant de poudre et mélangez délicatement à la spatule en soulevant la masse, en raclant bien les bords et le fond. Mélangez suffisamment pour lisser la pâte mais sans la liquéfier pour qu'elle ne s'étale pas trop.

Remplissez une poche munie d'une douille de 8 mm et dressez les macarons sur une plaque de cuisson couverte de papier sulfurisé. Espacez-les suffisamment et décalez les rangées en quinconce pour uniformiser le passage de la chaleur. Tapez avec le plat de la main sous la plaque pour uniformiser les macarons et chasser les bulles d'air. Laissez croûter (sécher) 30 minutes.

Placez au four pour 15 minutes à 150 °C (th. 5). Retournez la plaque à mi-cuisson. Sortez les macarons du four, faites glisser la feuille de papier sulfurisé avec les coques sur le plan de travail et laissez-les refroidir complètement avant de les décoller.

Coupez les tomates en morceaux, mettez-les dans une casserole avec le sucre gélifiant, le jus et le zeste d'une demi-orange et laissez compoter 30 minutes à feu doux en mélangeant de temps en temps. Ajoutez la gélatine préalablement ramollie dans l'eau froide et laissez sur le feu encore 1 minute.

Laissez refroidir, garnissez les macarons à l'aide d'une poche à douille et réservez 24 heures au frais.

Pour 30 macarons

Pour les coques
- 200 g de sucre glace
- 110 g de poudre d'amandes
- 95 g de blancs d'œufs
- 30 g de sucre
- Colorant alimentaire vert
- 2 cuil. à soupe de graines de nigelle

Pour la garniture
- 200 g de tomates vertes
- 100 g de sucre gélifiant à confiture
- ½ orange
- 2 g de gélatine

Macarons café et chocolat blanc

Préparation : 1 heure • Repos : 24 heures • Cuisson : 25 minutes • Difficulté : ★★ Budget : ★★

Mixez le sucre glace et la poudre d'amandes pour obtenir une poudre très fine. Montez les blancs d'œufs en neige avec une pincée de sucre. Quand le mélange commence à mousser, ajoutez petit à petit le sucre. Lorsque tout le sucre est incorporé, augmentez doucement la vitesse du batteur et fouettez jusqu'à l'obtention d'une belle meringue qui forme « un bec d'oiseau » lorsqu'on soulève les fouets. Ajoutez du colorant alimentaire brun et vert en très petites quantités.

Ajoutez un tiers de mélange poudre d'amandes-sucre glace, mélangez à la spatule pour assouplir la masse. Ajoutez le restant de poudre et mélangez délicatement à la spatule en soulevant la masse, en raclant bien les bords et le fond. Mélangez suffisamment pour lisser la pâte mais sans la liquéfier pour qu'elle ne s'étale pas trop.

Remplissez une poche munie d'une douille de 8 mm et dressez les macarons sur 2 plaques de cuisson superposées et couvertes de papier sulfurisé. Espacez-les suffisamment et décalez les rangées en quinconce pour uniformiser le passage de la chaleur. Tapez avec le plat de la main sous les plaques pour uniformiser les macarons et chasser les bulles d'air. Laissez croûter (sécher) 30 minutes.

Placez au four pour 15 minutes à 150 °C (th. 5). Retournez les plaques à mi-cuisson. Sortez les macarons du four, faites glisser les feuilles de papier sulfurisé avec les coques sur le plan de travail et laissez-les refroidir complètement avant de les décoller.

Mettez le chocolat à fondre avec la crème au bain-marie. Lorsque la ganache est homogène et onctueuse, ajoutez l'extrait de café. Laissez refroidir et lorsque la ganache est plus ferme, garnissez les macarons à l'aide d'une poche à douille. Réservez 24 heures au réfrigérateur avant de déguster.

Pour 40 macarons

Pour les coques
- 200 g de sucre glace
- 110 g de poudre d'amandes
- 95 g de blancs d'œufs
- 30 g de sucre
- Colorant alimentaire brun
- Colorant alimentaire vert

Pour la garniture
- 150 g de chocolat blanc
- 6 cl de crème liquide entière
- 2 cuil. à café d'extrait naturel de café

Macarons cassis violette

Préparation : 1 heure • Repos : 24 heures • Cuisson : 20 minutes • Difficulté : ★★ Budget : ★★

Mixez le sucre glace et la poudre d'amandes pour obtenir une poudre très fine. Montez les blancs d'œufs en neige avec une pincée de sucre. Quand le mélange commence à mousser, ajoutez petit à petit le sucre. Lorsque tout le sucre est incorporé, augmentez doucement la vitesse du batteur et fouettez jusqu'à l'obtention d'une belle meringue qui forme « un bec d'oiseau » lorsqu'on soulève les fouets. Ajoutez un peu de chaque colorant alimentaire.

Ajoutez un tiers de mélange poudre d'amandes-sucre glace, mélangez à la spatule pour assouplir la masse. Ajoutez le restant de poudre et mélangez délicatement à la spatule en soulevant la masse, en raclant bien les bords et le fond. Mélangez suffisamment pour lisser la pâte mais sans la liquéfier pour qu'elle ne s'étale pas trop.

Remplissez une poche munie d'une douille de 8 mm et dressez les macarons sur 2 plaques de cuisson superposées et couvertes de papier sulfurisé. Espacez-les suffisamment et décalez les rangées en quinconce pour uniformiser le passage de la chaleur. Tapez avec le plat de la main sous les plaques pour uniformiser les macarons et chasser les bulles d'air. Laissez croûter (sécher) 30 minutes.

Placez au four pour 15 minutes à 150 °C (th. 5). Retournez les plaques à mi-cuisson. Sortez les macarons du four, faites glisser les feuilles de papier sulfurisé avec les coques sur le plan de travail et laissez-les refroidir complètement avant de les décoller.

Mettez la purée de cassis à chauffer. Hors du feu, ajoutez les feuilles de gélatine ramollies dans l'eau froide et essorées. Incorporez le chocolat blanc et mélangez jusqu'à ce qu'il soit totalement fondu. Ajoutez quelques gouttes d'arôme de violette. Laissez refroidir et épaissir puis Garnissez les macarons avant la gélification complète de la ganache à l'aide d'une poche à douille et réservez 24 heures au frais avant de déguster.

Pour 40 macarons

Pour les coques
- 200 g de sucre glace
- 110 g de poudre d'amandes
- 95 g de blancs d'œufs
- 30 g de sucre
- Colorant alimentaire bleu
- Colorant alimentaire rouge

Pour la garniture
- 160 g de purée de cassis
- 2 feuilles de gélatine
- 120 g de chocolat blanc
- Arôme violette

Macarons cherry

Préparation : 1 heure • Repos : 24 heures • Cuisson : 20 minutes • Difficulté : ★ Budget : ★★

Mixez le sucre glace et la poudre d'amandes pour obtenir une poudre très fine. Montez les blancs d'œufs en neige avec une pincée de sucre. Quand le mélange commence à mousser, ajoutez petit à petit le sucre. Lorsque tout le sucre est incorporé, augmentez doucement la vitesse du batteur et fouettez jusqu'à l'obtention d'une belle meringue qui forme « un bec d'oiseau » lorsqu'on soulève les fouets. Ajoutez du colorant rouge.

Ajoutez un tiers de mélange poudre d'amandes-sucre glace, mélangez à la spatule pour assouplir la masse. Ajoutez le restant de poudre et mélangez délicatement à la spatule en soulevant la masse, en raclant bien les bords et le fond. Mélangez suffisamment pour lisser la pâte mais sans la liquéfier pour qu'elle ne s'étale pas trop.

Remplissez une poche munie d'une douille de 8 mm et dressez les macarons sur une plaque de cuisson couverte de papier sulfurisé. Espacez-les suffisamment et décalez les rangées en quinconce pour uniformiser le passage de la chaleur. Tapez avec le plat de la main sous la plaque pour uniformiser les macarons et chasser les bulles d'air. Laissez croûter (sécher) 30 minutes.

Placez au four pour 15 minutes à 150 °C (th. 5). Retournez la plaque à mi-cuisson. Sortez les macarons du four, faites glisser la feuille de papier sulfurisé avec les coques sur le plan de travail et laissez-les refroidir complètement avant de les décoller.

Faites chauffer le lait dans une casserole avec le kirsch. Mélangez l'œuf et le sucre jusqu'à blanchissement du mélange. Ajoutez la Maïzena et versez dessus le lait bouillant. Faites épaissir le tout à feu doux. Battez le beurre en pommade à l'aide d'un fouet électrique et ajoutez petit à petit la crème au kirsch.

Garnissez les macarons à l'aide d'une poche à douille cannelée et placez une demi-cerise au milieu. Réservez 24 heures au réfrigérateur avant de déguster.

Pour 30 macarons

Pour les coques
- 200 g de sucre glace
- 110 g de poudre d'amandes
- 95 g de blancs d'œufs
- 30 g de sucre
- Colorant alimentaire rouge

Pour la crème
- 8 cl de lait
- 1 cuil. à soupe de kirsch
- 1 œuf
- 20 g de sucre
- 10 g de Maïzena
- 100 g de beurre
- 15 cerises

Macarons chicorée-spéculoos

Préparation : 1 heure • Repos : 24 heures • Cuisson : 20 minutes • Difficulté : ★★ Budget : ★★

Mixez le sucre glace et la poudre d'amandes pour obtenir une poudre très fine. Montez les blancs d'œufs en neige avec une pincée de sucre. Quand le mélange commence à mousser, ajoutez petit à petit le sucre. Lorsque tout le sucre est incorporé, augmentez doucement la vitesse du batteur et fouettez jusqu'à l'obtention d'une belle meringue qui forme « un bec d'oiseau » lorsqu'on soulève les fouets. Ajoutez du colorant alimentaire crème.

Ajoutez un tiers de mélange poudre d'amandes-sucre glace, mélangez à la spatule pour assouplir la masse. Ajoutez le restant de poudre et mélangez délicatement à la spatule en soulevant la masse, en raclant bien les bords et le fond. Mélangez suffisamment pour lisser la pâte mais sans la liquéfier pour qu'elle ne s'étale pas trop.

Remplissez une poche munie d'une douille de 8 mm et dressez les macarons sur 2 plaques de cuisson superposées et couvertes de papier sulfurisé. Espacez-les suffisamment et décalez les rangées en quinconce pour uniformiser le passage de la chaleur. Tapez avec le plat de la main sous les plaques pour uniformiser les macarons et chasser les bulles d'air. Saupoudrez de miettes de spéculoos. Laissez croûter (sécher) 30 minutes.

Placez au four pour 15 minutes à 150 °C (th. 5). Retournez les plaques à mi-cuisson. Sortez les macarons du four, faites glisser les feuilles de papier sulfurisé avec les coques sur le plan de travail et laissez-les refroidir complètement avant de les décoller.

Mélangez l'œuf et le sucre jusqu'à blanchissement. Faites bouillir le lait. Ajoutez la Maïzena au mélange et versez dessus le lait bouillant. Faites épaissir à feu doux. Ajoutez la chicorée puis laissez refroidir à température ambiante. Battez le beurre en pommade à l'aide d'un fouet électrique et ajoutez petit à petit la crème. Ajoutez les spéculoos réduits en poudre. Garnissez les macarons à l'aide d'une poche à douille et réservez 24 heures au frais avant de déguster.

Pour 40 macarons

Pour les coques
+ 200 g de sucre glace
+ 110 g de poudre d'amandes
+ 95 g de blancs d'œufs
+ 30 g de sucre
+ Colorant alimentaire crème
+ 2 spéculoos

Pour la garniture
+ 1 œuf
+ 20 g de sucre
+ 10 cl de lait
+ 10 g de Maïzena
+ 1 cuil. à soupe de chicorée liquide
+ 100 g de beurre
+ 80 g de spéculoos

Macarons chocolat-banane

Préparation : 1 heure • Repos : 24 heures • Cuisson : 20 minutes • Difficulté : ★★ Budget : ★★

Mixez le sucre glace et la poudre d'amandes pour obtenir une poudre très fine. Montez les blancs d'œufs en neige avec une pincée de sucre. Quand le mélange commence à mousser, ajoutez petit à petit le sucre. Lorsque tout le sucre est incorporé, augmentez doucement la vitesse du batteur et fouettez jusqu'à l'obtention d'une belle meringue qui forme « un bec d'oiseau » lorsqu'on soulève les fouets. Ajoutez le colorant brun à la préparation dans une fournée et le colorant jaune dans la suivante.

Ajoutez un tiers de mélange poudre d'amandes-sucre glace, mélangez à la spatule pour assouplir la masse. Ajoutez le restant de poudre et mélangez délicatement à la spatule en soulevant la masse, en raclant bien les bords et le fond. Mélangez suffisamment pour lisser la pâte mais sans la liquéfier pour qu'elle ne s'étale pas trop.

Remplissez une poche munie d'une douille de 8 mm et dressez les macarons sur 2 plaques de cuisson superposées et couvertes de papier sulfurisé. Espacez-les suffisamment et décalez les rangées en quinconce pour uniformiser le passage de la chaleur. Tapez avec le plat de la main sous les plaques pour uniformiser les macarons et chasser les bulles d'air. Laissez croûter (sécher) 30 minutes.

Placez au four pour 15 minutes à 150 °C (th. 5). Retournez les plaques à mi-cuisson. Sortez les macarons du four, faites glisser les feuilles de papier sulfurisé avec les coques sur le plan de travail et laissez-les refroidir complètement avant de les décoller.

Faites chauffer la crème liquide dans une casserole jusqu'à ébullition. Versez-la en 3 fois sur le chocolat râpé, en mélangeant bien à chaque fois, afin d'obtenir une ganache onctueuse et lisse. À la fin, ajoutez le beurre et les bananes réduites en purée. Laissez refroidir et commencer à figer.

Garnissez les macarons à l'aide d'une poche à douille et réservez 24 heures au frais.

Pour 50 macarons

Pour les coques
- 200 g de sucre glace
- 110 g de poudre d'amandes
- 95 g de blancs d'œufs
- 30 g de sucre
- Colorant alimentaire brun
- Colorant alimentaire jaune

Pour la garniture
- 15 cl de crème liquide
- 180 g de chocolat
- 50 g de beurre
- 2 bananes bien mûres

Macarons chocolat-menthe

Préparation : 1 h 30 • Repos : 36 heures • Cuisson : 20 minutes • Difficulté : ★★ Budget : ★

Faites infuser les feuilles de menthe dans le lait une nuit.

Mixez le sucre glace et la poudre d'amandes pour obtenir une poudre très fine. Montez les blancs d'œufs en neige avec une pincée de sucre. Quand le mélange commence à mousser, ajoutez petit à petit le sucre. Lorsque tout le sucre est incorporé, augmentez doucement la vitesse du batteur et fouettez jusqu'à l'obtention d'une belle meringue qui forme « un bec d'oiseau » lorsqu'on soulève les fouets. Saupoudrez les coques de cacao avant de les mettre au four.

Ajoutez un tiers de mélange poudre d'amandes-sucre glace, mélangez à la spatule pour assouplir la masse. Ajoutez le restant de poudre et mélangez délicatement à la spatule en soulevant la masse, en raclant bien les bords et le fond. Mélangez suffisamment pour lisser la pâte mais sans la liquéfier pour qu'elle ne s'étale pas trop.

Remplissez une poche munie d'une douille de 8 mm et dressez les macarons sur une plaque de cuisson couverte de papier sulfurisé. Espacez-les suffisamment et décalez les rangées en quinconce pour uniformiser le passage de la chaleur. Tapez avec le plat de la main sous la plaque pour uniformiser les macarons et chasser les bulles d'air. Laissez croûter (sécher) 30 minutes. Placez au four pour 15 minutes à 150 °C (th. 5). Retournez la plaque à mi-cuisson. Sortez les macarons du four, faites glisser la feuille de papier sulfurisé avec les coques sur le plan de travail et laissez-les refroidir complètement avant de les décoller.

Faites fondre le chocolat au bain-marie et étalez-le en fine couche sur une feuille plastique. Quand le chocolat commence à se solidifier, dessinez un quadrillage avec un couteau pointu puis laissez durcir. Faites chauffer le lait dans une casserole avec la menthe. Mélangez l'œuf et le sucre jusqu'à ce que le mélange blanchisse. Ajoutez la Maïzena et versez dessus le lait bouillant filtré. Faites épaissir le tout à feu doux. Laissez refroidir à température ambiante recouvert de film alimentaire. Battez le beurre en pommade avec un fouet électrique et ajoutez petit à petit la crème.

Séparez un à un les carrés de chocolat. Déposez une fine couche de crème sur les deux coques de chaque macaron et unissez-les en plaçant un carré de chocolat entre eux. Réservez 24 heures au frais.

Pour 30 macarons

Pour les coques
- 200 g de sucre glace
- 110 g de poudre d'amandes
- 95 g de blancs d'œufs
- 30 g de sucre
- 2 cuil. à soupe de cacao en poudre non sucré

Pour la garniture
- 16 feuilles de menthe
- 10 cl de lait
- 80 g de chocolat
- 1 œuf
- 20 g de sucre
- 10 g de Maïzena
- 100 g de beurre

Macarons chocolat-pistache

Préparation : 1 heure • Repos : 24 heures • Cuisson : 20 minutes • Difficulté : ★★ Budget : ★★

Mixez le sucre glace et la poudre d'amandes pour obtenir une poudre très fine. Montez les blancs d'œufs en neige avec une pincée de sucre. Quand le mélange commence à mousser, ajoutez petit à petit le sucre. Lorsque tout le sucre est incorporé, augmentez doucement la vitesse du batteur et fouettez jusqu'à l'obtention d'une belle meringue qui forme « un bec d'oiseau » lorsqu'on soulève les fouets. Parsemez les coques de pistaches fraîches préalablement hachées avant d'enfourner.

Ajoutez un tiers de mélange poudre d'amandes-sucre glace, mélangez à la spatule pour assouplir la masse. Ajoutez le restant de poudre et mélangez délicatement à la spatule en soulevant la masse, en raclant bien les bords et le fond. Mélangez suffisamment pour lisser la pâte mais sans la liquéfier pour qu'elle ne s'étale pas trop.

Remplissez une poche munie d'une douille de 8 mm et dressez les macarons sur une plaque de cuisson couverte de papier sulfurisé. Espacez-les suffisamment et décalez les rangées en quinconce pour uniformiser le passage de la chaleur. Tapez avec le plat de la main sous la plaque pour uniformiser les macarons et chasser les bulles d'air. Laissez croûter (sécher) 30 minutes.

Placez au four pour 15 minutes à 150 °C (th. 5). Retournez la plaque à mi-cuisson. Sortez les macarons du four, faites glisser la feuille de papier sulfurisé avec les coques sur le plan de travail et laissez-les refroidir complètement avant de les décoller.

Faites fondre le chocolat au four à micro-ondes 3 fois 30 secondes, laissez tiédir. Battez le beurre tempéré en pommade, ajoutez les pistaches préalablement hachées, la crème, le sucre glace et la poudre d'amandes. Ajoutez à ce mélange le chocolat fondu et tiédi.

Garnissez les macarons à l'aide d'une poche à douille et réservez 24 heures au frais.

Pour 30 macarons

Pour les coques
- 200 g de sucre glace
- 110 g de poudre d'amandes
- 95 g de blancs d'œufs
- 30 g de sucre
- Colorant alimentaire brun
- Pistaches fraîches

Pour la garniture
- 50 g de chocolat
- 60 g de beurre
- 50 g de pistaches fraîches
- 1 cuil. à soupe de crème liquide
- 50 g de sucre glace
- 30 g de poudre d'amandes

Macarons chocolat au lait et cœur de coco

Préparation : 1 heure • Repos : 24 heures • Cuisson : 25 minutes • Difficulté : ★★ Budget : ★★

Mixez le sucre glace et la poudre d'amandes pour obtenir une poudre très fine. Montez les blancs d'œufs en neige avec une pincée de sucre. Quand le mélange commence à mousser, ajoutez petit à petit le sucre. Lorsque tout le sucre est incorporé, augmentez doucement la vitesse du batteur et fouettez jusqu'à l'obtention d'une belle meringue qui forme « un bec d'oiseau » lorsqu'on soulève les fouets. Ajoutez du colorant alimentaire brun.

Ajoutez un tiers de mélange poudre d'amandes-sucre glace, mélangez à la spatule pour assouplir la masse. Ajoutez le restant de poudre et mélangez délicatement à la spatule en soulevant la masse, en raclant bien les bords et le fond. Mélangez suffisamment pour lisser la pâte mais sans la liquéfier pour qu'elle ne s'étale pas trop.

Remplissez une poche munie d'une douille de 8 mm et dressez les macarons sur 2 plaques de cuisson superposées et couvertes de papier sulfurisé. Espacez-les suffisamment et décalez les rangées en quinconce pour uniformiser le passage de la chaleur. Tapez avec le plat de la main sous les plaques pour uniformiser les macarons et chasser les bulles d'air. Laissez croûter (sécher) 30 minutes.

Placez au four pour 15 minutes à 150 °C (th. 5). Retournez les plaques à mi-cuisson. Sortez les macarons du four, faites glisser les feuilles de papier sulfurisé avec les coques sur le plan de travail et laissez-les refroidir complètement avant de les décoller.

Chauffez la crème liquide dans une casserole jusqu'à ébullition. Versez-la en trois fois sur le chocolat en mélangeant bien à chaque fois afin d'obtenir une ganache onctueuse et lisse. Laissez refroidir puis avant que la ganache n'épaississe complètement, garnissez les macarons à l'aide d'une poche à douille en formant un anneau de ganache. Placez au centre un peu de pâte de noix de coco. Réservez 24 heures au réfrigérateur avant de déguster.

Pour 40 macarons

Pour les coques
- 200 g de sucre glace
- 110 g de poudre d'amandes
- 95 g de blancs d'œufs
- 30 g de sucre
- Colorant alimentaire brun

Pour la garniture
- 9 cl de crème liquide entière
- 120 g de chocolat au lait
- 2 cuil. à soupe de pâte de noix de coco

Conseil : la pâte de noix de coco à tartiner se trouve en grande surface au rayon « produits d'ailleurs ».

Macarons chocolat et éclats de noisette

Préparation : 1 heure • Repos : 24 heures • Cuisson : 30 minutes • Difficulté : ★★ Budget : ★★

Mixez le sucre glace et la poudre d'amandes pour obtenir une poudre très fine. Montez les blancs d'œufs en neige avec une pincée de sucre. Quand le mélange commence à mousser, ajoutez petit à petit le sucre. Lorsque tout le sucre est incorporé, augmentez doucement la vitesse du batteur et fouettez jusqu'à l'obtention d'une belle meringue qui forme « un bec d'oiseau » lorsqu'on soulève les fouets. Ajoutez du colorant alimentaire brun.

Ajoutez un tiers de mélange poudre d'amandes-sucre glace, mélangez à la spatule pour assouplir la masse. Ajoutez le restant de poudre et mélangez délicatement à la spatule en soulevant la masse, en raclant bien les bords et le fond. Mélangez suffisamment pour lisser la pâte mais sans la liquéfier pour qu'elle ne s'étale pas trop.

Remplissez une poche munie d'une douille de 8 mm et dressez les macarons sur 2 plaques de cuisson superposées et couvertes de papier sulfurisé. Espacez-les suffisamment et décalez les rangées en quinconce pour uniformiser le passage de la chaleur. Tapez avec le plat de la main sous les plaques pour uniformiser les macarons et chasser les bulles d'air. Répartissez quelques éclats de noisettes sur les coques puis laissez croûter (sécher) 30 minutes.

Placez au four pour 15 minutes à 150 °C (th. 5). Retournez les plaques à mi-cuisson. Sortez les macarons du four, faites glisser les feuilles de papier sulfurisé avec les coques sur le plan de travail et laissez-les refroidir complètement avant de les décoller.

Placez les noisettes sur une plaque recouverte de papier de cuisson et mettez au four 10 minutes à 180 °C (th. 6). Laissez-les refroidir puis hachez-les grossièrement. Ajoutez le sucre, mélangez, étalez le mélange sur le papier de cuisson et enfournez à nouveau 5 minutes pour caraméliser les éclats de noisettes. Laissez refroidir.

Chauffez la crème liquide dans une casserole jusqu'à ébullition. Versez-la en trois fois sur le chocolat en mélangeant bien afin d'obtenir une ganache onctueuse et lisse. Ajoutez la moitié des éclats de noisettes et laissez refroidir. Avant que la ganache n'épaississe complètement, garnissez les macarons à l'aide d'une poche à douille. Collez les éclats de noisettes restants sur la ganache. Réservez 24 heures au réfrigérateur avant de déguster.

Pour 40 macarons

Pour les coques
- 200 g de sucre glace
- 110 g de poudre d'amandes
- 95 g de blancs d'œufs
- 30 g de sucre
- Colorant alimentaire brun

Pour la garniture
- 50 g de noisettes (émondées)
- 1 cuil. à soupe de sucre
- 8 cl de crème liquide entière
- 140 g de chocolat au lait

Macarons chocolat et sel de guérande

Préparation : 1 heure • Repos : 24 heures • Cuisson : 25 minutes • Difficulté : ★★ Budget : ★★

Mixez le sucre glace et la poudre d'amandes pour obtenir une poudre très fine. Montez les blancs d'œufs en neige avec une pincée de sucre. Quand le mélange commence à mousser, ajoutez petit à petit le sucre. Lorsque tout le sucre est incorporé, augmentez doucement la vitesse du batteur et fouettez jusqu'à l'obtention d'une belle meringue qui forme « un bec d'oiseau » lorsqu'on soulève les fouets. Ajoutez du colorant alimentaire brun.

Ajoutez un tiers de mélange poudre d'amandes-sucre glace, mélangez à la spatule pour assouplir la masse. Ajoutez le restant de poudre et mélangez délicatement à la spatule en soulevant la masse, en raclant bien les bords et le fond. Mélangez suffisamment pour lisser la pâte mais sans la liquéfier pour qu'elle ne s'étale pas trop.

Remplissez une poche munie d'une douille de 8 mm et dressez les macarons sur 2 plaques de cuisson superposées et couvertes de papier sulfurisé. Espacez-les suffisamment et décalez les rangées en quinconce pour uniformiser le passage de la chaleur. Tapez avec le plat de la main sous les plaques pour uniformiser les macarons et chasser les bulles d'air. Laissez croûter (sécher) 30 minutes.

Placez au four pour 15 minutes à 150 °C (th. 5). Retournez les plaques à mi-cuisson. Sortez les macarons du four, faites glisser les feuilles de papier sulfurisé avec les coques sur le plan de travail et laissez-les refroidir complètement avant de les décoller.

Chauffez la crème liquide dans une casserole jusqu'à ébullition. Versez-la en trois fois sur le chocolat en mélangeant bien à chaque fois afin d'obtenir une ganache onctueuse et lisse. Ajoutez le beurre et une pincée de fleur de sel. Laissez refroidir. Avant que la ganache n'épaississe complètement, garnissez les macarons à l'aide d'une poche à douille. Réservez 24 heures au réfrigérateur avant de déguster.

Pour 40 macarons

Pour les coques
- 200 g de sucre glace
- 110 g de poudre d'amandes
- 95 g de blancs d'œufs
- 30 g de sucre
- Colorant alimentaire brun

Pour la garniture
- 8 cl de crème liquide entière
- 120 g de chocolat noir
- 40 g de beurre
- Fleur de sel de guérande

Macarons chocolat passion

Préparation : 1 heure • Repos : 24 heures • Cuisson : 25 minutes • Difficulté : ★★ Budget : ★★

Mixez le sucre glace et la poudre d'amandes pour obtenir une poudre très fine. Montez les blancs d'œufs en neige avec une pincée de sucre. Quand le mélange commence à mousser, ajoutez petit à petit le sucre. Lorsque tout le sucre est incorporé, augmentez doucement la vitesse du batteur et fouettez jusqu'à l'obtention d'une belle meringue qui forme « un bec d'oiseau » lorsqu'on soulève les fouets.

Ajoutez un tiers de mélange poudre d'amandes-sucre glace, mélangez à la spatule pour assouplir la masse. Ajoutez le restant de poudre et mélangez délicatement à la spatule en soulevant la masse, en raclant bien les bords et le fond. Rapidement divisez la pâte en 2 parts égales. Ajoutez du colorant alimentaire brun dans une partie et du jaune dans l'autre. Continuez de mélanger suffisamment pour lisser la pâte mais sans la liquéfier pour qu'elle ne s'étale pas trop.

Remplissez 2 poches munies d'une douille de 8 mm et dressez les macarons marron et jaune sur 2 plaques de cuisson superposées et couvertes de papier sulfurisé. Espacez-les suffisamment et décalez les rangées en quinconce pour uniformiser le passage de la chaleur. Tapez avec le plat de la main sous les plaques pour uniformiser les macarons et chasser les bulles d'air. Laissez croûter (sécher) 30 minutes.

Placez au four pour 15 minutes à 150 °C (th. 5). Retournez les plaques à mi-cuisson. Sortez les macarons du four, faites glisser les feuilles de papier sulfurisé avec les coques sur le plan de travail et laissez les refroidir complètement avant de les décoller.

Chauffez la crème liquide dans une casserole jusqu'à ébullition. Versez-la en trois fois sur le chocolat, en mélangeant bien à chaque fois, afin d'obtenir une ganache onctueuse et lisse. Ajoutez la pulpe des fruits de la passion. Laissez refroidir. Avant que la ganache n'épaississe complètement, garnissez les macarons en unissant une coque brune et une jaune. Réservez 24 heures au réfrigérateur avant de déguster.

Pour 40 macarons

Pour les coques
- 200 g de sucre glace
- 110 g de poudre d'amandes
- 95 g de blancs d'œufs
- 30 g de sucre
- Colorant alimentaire brun
- Colorant alimentaire jaune

Pour la garniture
- 8 cl de crème liquide entière
- 120 g de chocolat noir
- 3 fruits de la passion

Macarons citron-framboise

Préparation : 1 heure • Repos : 24 heures • Cuisson : 20 minutes • Difficulté : ★★ Budget : ★

Mixez le sucre glace et la poudre d'amandes pour obtenir une poudre très fine. Montez les blancs d'œufs en neige avec une pincée de sucre. Quand le mélange commence à mousser, ajoutez petit à petit le sucre. Lorsque tout le sucre est incorporé, augmentez doucement la vitesse du batteur et fouettez jusqu'à l'obtention d'une belle meringue qui forme « un bec d'oiseau » lorsqu'on soulève les fouets. Ajoutez un peu de colorant rouge à la préparation.

Ajoutez un tiers de mélange poudre d'amandes-sucre glace, mélangez à la spatule pour assouplir la masse. Ajoutez le restant de poudre et mélangez délicatement à la spatule en soulevant la masse, en raclant bien les bords et le fond. Mélangez suffisamment pour lisser la pâte mais sans la liquéfier pour qu'elle ne s'étale pas trop.

Remplissez une poche munie d'une douille de 8 mm et dressez les macarons sur une plaque de cuisson couverte de papier sulfurisé. Espacez-les suffisamment et décalez les rangées en quinconce pour uniformiser le passage de la chaleur. Tapez avec le plat de la main sous la plaque pour uniformiser les macarons et chasser les bulles d'air. Laissez croûter (sécher) 30 minutes.

Placez au four pour 15 minutes à 150 °C (th. 5). Retournez la plaque à mi-cuisson. Sortez les macarons du four, faites glisser la feuille de papier sulfurisé avec les coques sur le plan de travail et laissez-les refroidir complètement avant de les décoller.

Dans un saladier, mélangez l'œuf, 2,5 cl de jus de citron, le zeste d'un demi-citron, le sucre et 30 g de beurre. Placez dans un bain-marie et remuez avec un fouet jusqu'à épaississement de la crème. Ajoutez le coulis de framboises et laissez refroidir à température ambiante. Fouettez le restant de beurre tempéré en pommade avec un batteur électrique et ajoutez petit à petit la crème au citron. Garnissez les macarons à l'aide d'une poche à douille, réservez 24 heures au frais.

Pour 30 macarons

Pour les coques
- 200 g de sucre glace
- 110 g de poudre d'amandes
- 95 g de blancs d'œufs
- 30 g de sucre
- Colorant alimentaire rouge

Pour la garniture
- 1 œuf
- 1 citron (non traité)
- 30 g de sucre
- 120 g de beurre
- 5 cl de coulis de framboises

Conseil : en saison, placez une framboise fraîche au milieu de la crème.

Macarons citron-thym

Préparation : 1 heure • Repos : 24 heures • Cuisson : 20 minutes • Difficulté : ★★ Budget : ★

Mixez le sucre glace et la poudre d'amandes pour obtenir une poudre très fine. Montez les blancs d'œufs en neige avec une pincée de sucre. Quand le mélange commence à mousser, ajoutez petit à petit le sucre. Lorsque tout le sucre est incorporé, augmentez doucement la vitesse du batteur et fouettez jusqu'à l'obtention d'une belle meringue qui forme « un bec d'oiseau » lorsqu'on soulève les fouets. Ajoutez le colorant jaune à la préparation. Saupoudrez-les d'un peu de thym avant de les enfourner.

Ajoutez un tiers de mélange poudre d'amandes-sucre glace, mélangez à la spatule pour assouplir la masse. Ajoutez le restant de poudre et mélangez délicatement à la spatule en soulevant la masse, en raclant bien les bords et le fond. Mélangez suffisamment pour lisser la pâte mais sans la liquéfier pour qu'elle ne s'étale pas trop.

Remplissez une poche munie d'une douille de 8 mm et dressez les macarons sur une plaque de cuisson couverte de papier sulfurisé. Espacez-les suffisamment et décalez les rangées en quinconce pour uniformiser le passage de la chaleur. Tapez avec le plat de la main sous la plaque pour uniformiser les macarons et chasser les bulles d'air. Laissez croûter (sécher) 30 minutes.

Placez au four pour 15 minutes à 150 °C (th. 5). Retournez la plaque à mi-cuisson. Sortez les macarons du four, faites glisser la feuille de papier sulfurisé avec les coques sur le plan de travail et laissez-les refroidir complètement avant de les décoller.

Dans un saladier, mélangez l'œuf, 2,5 cl de jus de citron, le zeste d'un demi-citron, le sucre, le thym et 30 g de beurre. À l'aide d'un fouet, remuez au bain-marie sans arrêter jusqu'à l'épaississement de la crème. Laissez refroidir à température ambiante. Fouettez le restant de beurre tempéré en pommade avec un batteur électrique et ajoutez petit à petit la crème au citron. On obtient une crème onctueuse qui se maintient.

Garnissez les macarons à l'aide d'une poche à douille et réservez 24 heures au frais.

Pour 30 macarons

Pour les coques
- 200 g de sucre glace
- 110 g de poudre d'amandes
- 95 g de blancs d'œufs
- 30 g de sucre
- Colorant alimentaire jaune
- Thym

Pour la garniture
- 1 œuf
- 1 citron (non traité)
- 30 g de sucre
- ½ cuil. à café de thym
- 100 g de beurre

Macarons crème brûlée

Préparation : 1 heure • Repos : 5 heures • Cuisson : 1 h 35 • Difficulté : ★★ Budget : ★

Mixez le sucre glace et la poudre d'amandes pour obtenir une poudre très fine. Montez les blancs d'œufs en neige avec une pincée de sucre. Quand le mélange commence à mousser, ajoutez petit à petit le sucre. Lorsque tout le sucre est incorporé, augmentez doucement la vitesse du batteur et fouettez jusqu'à l'obtention d'une belle meringue qui forme « un bec d'oiseau » lorsqu'on soulève les fouets. Ajoutez une pointe de colorant brun à la préparation.

Ajoutez un tiers de mélange poudre d'amandes-sucre glace, mélangez à la spatule pour assouplir la masse. Ajoutez le restant de poudre et mélangez délicatement à la spatule en soulevant la masse, en raclant bien les bords et le fond. Mélangez suffisamment pour lisser la pâte mais sans la liquéfier pour qu'elle ne s'étale pas trop.

Remplissez une poche munie d'une douille de 8 mm et dressez les macarons sur une plaque de cuisson couverte de papier sulfurisé. Espacez-les suffisamment et décalez les rangées en quinconce pour uniformiser le passage de la chaleur. Tapez avec le plat de la main sous la plaque pour uniformiser les macarons et chasser les bulles d'air. Laissez croûter (sécher) 30 minutes.

Placez au four pour 15 minutes à 150 °C (th. 5). Retournez la plaque à mi-cuisson. Sortez les macarons du four, faites glisser la feuille de papier sulfurisé avec les coques sur le plan de travail et laissez-les refroidir complètement avant de les décoller.

Battez les jaunes d'œufs avec le sucre jusqu'à ce que le mélange blanchisse. Portez la crème liquide à ébullition avec une pincée de vanille et versez-la sur le mélange œufs-sucre. Mélangez doucement pour ne pas faire trop de mousse. Versez cette crème dans un moule souple (de préférence) de 18 cm de côté et placez au four 1 h 20 à 90 °C (th. 3). Laissez refroidir 1 heure et placez au congélateur minimum 4 heures.

Au moment de servir, sortez la crème brûlée du congélateur et démoulez-la. Avec un emporte-pièce, de la même taille que les macarons, découpez des disques de crème que vous déposerez sur les coques de macaron. Saupoudrez de sucre roux et caramélisez à l'aide d'un chalumeau. Fermez les macarons et servez aussitôt.

Pour 30 macarons

Pour les coques
- 200 g de sucre glace
- 110 g de poudre d'amandes
- 95 g de blancs d'œufs
- 30 g de sucre
- Colorant alimentaire brun

Pour la garniture
- 2 jaunes d'œufs
- 30 g de sucre
- 20 cl de crème liquide entière
- Vanille en poudre
- Sucre roux

Macarons des îles

Préparation : 1 heure • Repos : 24 heures • Cuisson : 15 minutes • Difficulté : ★ Budget : ★★

Mixez le sucre glace, la poudre d'amandes et la poudre de noix de coco pour obtenir une poudre très fine. Montez les blancs d'œufs en neige avec une pincée de sucre. Quand le mélange commence à mousser, ajoutez petit à petit le sucre. Lorsque tout le sucre est incorporé, augmentez doucement la vitesse du batteur et fouettez jusqu'à l'obtention d'une belle meringue qui forme « un bec d'oiseau » lorsqu'on soulève les fouets. Ajoutez du colorant alimentaire.

Ajoutez un tiers de mélange poudre d'amandes-sucre glace, mélangez à la spatule pour assouplir la masse. Ajoutez le restant de poudre et mélangez délicatement à la spatule en soulevant la masse, en raclant bien les bords et le fond. Mélangez suffisamment pour lisser la pâte mais sans la liquéfier pour qu'elle ne s'étale pas trop.

Remplissez une poche munie d'une douille de 8 mm et dressez les macarons sur une plaque de cuisson couverte de papier sulfurisé. Espacez-les suffisamment et décalez les rangées en quinconce pour uniformiser le passage de la chaleur. Tapez avec le plat de la main sous la plaque pour uniformiser les macarons et chasser les bulles d'air. Laissez croûter (sécher) 30 minutes.

Saupoudrez les coques d'un peu de noix de coco avant la cuisson. Placez au four pour 15 minutes à 150 °C (th. 5). Retournez la plaque à mi-cuisson. Sortez les macarons du four, faites glisser la feuille de papier sulfurisé avec les coques sur le plan de travail et laissez-les refroidir complètement avant de les décoller.

Faites bouillir le lait de coco avec 20 g de sucre. Ajoutez le jaune d'œuf battu. Faites épaissir et laissez refroidir. Battez le beurre tempéré en pommade et ajoutez la crème coco petit à petit. Ajoutez la poudre de noix de coco.

Coupez l'ananas en petits morceaux et faites-le caraméliser dans une poêle avec le sucre restant. À la fin, ajoutez le rhum et laissez-le s'évaporer. Laissez refroidir. Garnissez la moitié des coques avec la crème de coco et placez en leur centre un morceau d'ananas caramélisé. Fermez-les avec les coques restantes et placez-les 24 heures au frais avant de déguster.

Pour 30 macarons

Pour les coques
+ 200 g de sucre glace
+ 80 g de poudre d'amandes
+ 30 g de noix de coco en poudre
+ 95 g de blancs d'œufs
+ 100 g de sucre
+ Colorant alimentaire brun

Pour la crème
+ 10 cl de lait de coco
+ 50 g de sucre
+ 1 jaune d'œuf
+ 80 g de beurre
+ 500 g de noix de coco en poudre
+ 3 tranches d'ananas
+ 1 cuil. à soupe de rhum

Macarons diamant noir

Préparation : 1 heure • Repos : 24 heures • Cuisson : 20 minutes • Difficulté : ★★ Budget : ★

Mixez le sucre glace et la poudre d'amandes pour obtenir une poudre très fine. Montez les blancs d'œufs en neige avec une pincée de sucre. Quand le mélange commence à mousser, ajoutez petit à petit le sucre. Lorsque tout le sucre est incorporé, augmentez doucement la vitesse du batteur et fouettez jusqu'à l'obtention d'une belle meringue qui forme « un bec d'oiseau » lorsqu'on soulève les fouets. Ajoutez le cacao à la poudre d'amandes et au sucre glace. Ajoutez le colorant brun à la préparation. Saupoudrez les coques de sucre en poudre avant de passer au four.

Ajoutez un tiers de mélange poudre d'amandes-sucre glace, mélangez à la spatule pour assouplir la masse. Ajoutez le restant de poudre et mélangez délicatement à la spatule en soulevant la masse, en raclant bien les bords et le fond. Mélangez suffisamment pour lisser la pâte mais sans la liquéfier pour qu'elle ne s'étale pas trop.

Remplissez une poche munie d'une douille de 8 mm et dressez les macarons sur une plaque de cuisson couverte de papier sulfurisé. Espacez-les suffisamment et décalez les rangées en quinconce pour uniformiser le passage de la chaleur. Tapez avec le plat de la main sous la plaque pour uniformiser les macarons et chasser les bulles d'air. Laissez croûter (sécher) 30 minutes.

Placez au four pour 15 minutes à 150 °C (th. 5). Retournez la plaque à mi-cuisson. Sortez les macarons du four, faites glisser la feuille de papier sulfurisé avec les coques sur le plan de travail et laissez-les refroidir complètement avant de les décoller.

Chauffer la crème dans une casserole jusqu'à ébullition. Versez-la en trois fois sur le chocolat râpé, en mélangeant bien à chaque fois, afin d'obtenir une ganache onctueuse et lisse. À la fin, ajoutez le beurre et laissez refroidir.

Avant que la ganache au chocolat noir n'épaississe complètement, garnissez les macarons à l'aide d'une poche à douille. Réservez 24 heures au frais.

Pour 30 macarons

Pour les coques
- 200 g de sucre glace
- 110 g de poudre d'amandes
- 95 g de blancs d'œufs
- 30 g de sucre
- 2 cuil. à café de cacao en poudre non sucré
- Colorant alimentaire brun

Pour la garniture
- 10 cl de crème liquide
- 125 g de chocolat à 80 % de cacao
- 25 g de beurre

Macarons duo de chocolat

Préparation : 2 heures • Repos : 24 heures • Cuisson : 20 minutes • Difficulté : ★★ Budget : ★★

Faire une série de coques blanches, et une autre de coques marron, en ajoutant le cacao au mélange poudre d'amandes et sucre glace. Mixez le sucre glace et la poudre d'amandes pour obtenir une poudre très fine. Montez les blancs d'œufs en neige avec une pincée de sucre. Quand le mélange commence à mousser, ajoutez petit à petit le sucre. Lorsque tout le sucre est incorporé, augmentez doucement la vitesse du batteur et fouettez jusqu'à l'obtention d'une belle meringue qui forme « un bec d'oiseau » lorsqu'on soulève les fouets. Ajoutez le colorant brun à la meringue. Vous pouvez intensifier la couleur chocolat en ajoutant une pointe de colorant rouge.

Ajoutez un tiers de mélange poudre d'amandes-sucre glace, mélangez à la spatule pour assouplir la masse. Ajoutez le restant de poudre et mélangez délicatement à la spatule en soulevant la masse, en raclant bien les bords et le fond. Mélangez suffisamment pour lisser la pâte mais sans la liquéfier pour qu'elle ne s'étale pas trop.

Vous pouvez essayer de réaliser des coques bicolores : pour cela travaillez avec les 2 poches simultanément en dessinant de grosses virgules imbriquées. Laissez croûter (sécher) 30 minutes.

Placez au four pour 15 minutes à 150 °C (th. 5). Retournez les plaques à mi-cuisson. Sortez les macarons du four, faites glisser les feuilles de papier sulfurisé avec les coques sur le plan de travail et laissez-les refroidir complètement avant de les décoller.

Pour la crème au chocolat noir : faites chauffer la crème fleurette dans une casserole jusqu'à ébullition. Versez-la en trois fois sur le chocolat râpé, en mélangeant bien à chaque fois, afin d'obtenir une ganache onctueuse et lisse. À la fin, ajoutez le beurre et laissez refroidir. Avant que la ganache au chocolat noir n'épaississe complètement, garnissez les macarons à l'aide d'une poche à douille.

Pour la crème au chocolat blanc : procédez comme pour la ganache au chocolat noir. Laissez la refroidir, puis placez-la 30 minutes au réfrigérateur et fouettez-la au batteur électrique pour qu'elle devienne mousseuse. Garnissez les macarons à l'aide d'une poche à douille. Placez-les 24 heures au réfrigérateur avant de déguster.

Pour 60 macarons

Pour les coques
- 200 g de sucre glace
- 110 g de poudre d'amandes
- 95 g de blancs d'œufs
- 30 g de sucre
- ½ cuil. à café de cacao en poudre
- Colorant alimentaire brun

Pour la crème au chocolat noir
- 10 cl de crème liquide (fleurette)
- 125 g de chocolat (noir)
- 25 g de beurre

Pour la crème au chocolat blanc
- 8 cl de crème liquide (fleurette)
- 125 g de chocolat blanc
- 40 g de beurre

Macarons expresso

Préparation : 1 heure • Repos : 24 heures • Cuisson : 16 minutes • Difficulté : ★★ Budget : ★

Mixez le sucre glace et la poudre d'amandes pour obtenir une poudre très fine. Montez les blancs d'œufs en neige avec une pincée de sucre. Quand le mélange commence à mousser, ajoutez petit à petit le sucre. Lorsque tout le sucre est incorporé, augmentez doucement la vitesse du batteur et fouettez jusqu'à l'obtention d'une belle meringue qui forme « un bec d'oiseau » lorsqu'on soulève les fouets. Ajoutez les colorants brun et jaune à la préparation.

Ajoutez un tiers de mélange poudre d'amandes-sucre glace, mélangez à la spatule pour assouplir la masse. Ajoutez le restant de poudre et mélangez délicatement à la spatule en soulevant la masse, en raclant bien les bords et le fond. Mélangez suffisamment pour lisser la pâte mais sans la liquéfier pour qu'elle ne s'étale pas trop.

Remplissez une poche munie d'une douille de 8 mm et dressez les macarons sur une plaque de cuisson couverte de papier sulfurisé. Espacez-les suffisamment et décalez les rangées en quinconce pour uniformiser le passage de la chaleur. Tapez avec le plat de la main sous la plaque pour uniformiser les macarons et chasser les bulles d'air. Laissez croûter (sécher) 30 minutes.

Placez au four pour 15 minutes à 150 °C (th. 5). Retournez la plaque à mi-cuisson. Sortez les macarons du four, faites glisser la feuille de papier sulfurisé avec les coques sur le plan de travail et laissez-les refroidir complètement avant de les décoller.

Faites fondre le chocolat blanc avec la crème et le café soluble au four à micro-ondes 3 fois 30 secondes en mélangeant bien entre deux.

Laissez refroidir à température ambiante et Garnissez les macarons à l'aide d'une poche à douille avant que la ganache ne durcisse. Réservez 24 heures au frais.

Pour 30 macarons

Pour les coques
- 200 g de sucre glace
- 110 g de poudre d'amandes
- 95 g de blancs d'œufs
- 30 g de sucre
- Colorant alimentaire brun
- Colorant alimentaire jaune

Pour la garniture
- 160 g de chocolat blanc
- 5 cl de crème liquide
- 2 cuil. à soupe de café soluble

Macarons façon tatin

Préparation : 1 h 30 • Repos : 24 heures • Cuisson : 20 minutes • Difficulté : ★★ Budget : ★★

Mixez le sucre glace et la poudre d'amandes pour obtenir une poudre très fine. Montez les blancs d'œufs en neige avec une pincée de sucre. Quand le mélange commence à mousser, ajoutez le sucre. Lorsque tout le sucre est incorporé, augmentez la vitesse du batteur et fouettez jusqu'à l'obtention d'une belle meringue qui forme « un bec d'oiseau » lorsqu'on soulève les fouets. Ajoutez du colorant alimentaire brun et jaune.

Ajoutez un tiers de mélange poudre d'amandes-sucre glace, mélangez à la spatule pour assouplir la masse. Ajoutez le restant de poudre et mélangez délicatement à la spatule en soulevant la masse, en raclant bien les bords et le fond. Mélangez suffisamment pour lisser la pâte mais sans la liquéfier pour qu'elle ne s'étale pas trop.

Remplissez une poche munie d'une douille de 8 mm et dressez les macarons sur 2 plaques de cuisson superposées et couvertes de papier sulfurisé. Espacez-les suffisamment et décalez les rangées en quinconce pour uniformiser le passage de la chaleur. Tapez avec le plat de la main sous les plaques pour uniformiser les macarons et chasser les bulles d'air. Laissez croûter (sécher) 30 minutes.

Placez au four pour 15 minutes à 150 °C (th. 5). Retournez les plaques à mi-cuisson. Sortez les macarons du four, faites glisser les feuilles de papier sulfurisé avec les coques sur le plan de travail et laissez les refroidir complètement avant de les décoller.

Épluchez les pommes et coupez-les en petits dés. Faites fondre le beurre dans une poêle, mettez les pommes à dorer 2 minutes. Ajoutez le jus de pomme et laissez cuire jusqu'à l'évaporation du jus. Laissez refroidir.

Portez le lait à ébullition avec la gousse de vanille fendue en deux. Fouettez l'œuf et le sucre jusqu'à ce que le mélange blanchisse. Ajoutez la Maïzena. Versez le lait bouillant après avoir retiré la gousse de vanille et gratté les graines. Faites épaissir à feu doux. Laissez refroidir.

Battez le beurre en pommade à l'aide d'un fouet électrique et ajoutez petit à petit la crème à la vanille. Garnissez les macarons à l'aide d'une poche à douille, déposez des morceaux de pomme et réservez 24 heures au réfrigérateur.

Pour 30 macarons

Pour les coques
- 200 g de sucre glace
- 110 g de poudre d'amandes
- 95 g de blancs d'œufs
- 30 g de sucre
- Colorant alimentaire brun
- Colorant alimentaire jaune

Pour les pommes
- 2 pommes
- 15 g de beurre
- 10 cl de jus de pomme

Pour la garniture
- 10 cl de lait
- 1 gousse de vanille
- 1 œuf
- 20 g de sucre
- 10 g de Maïzena
- 100 g de beurre

Macarons façon thé à la menthe

Préparation : 1 heure • Repos : 36 heures • Cuisson : 20 minutes • Difficulté : ★ Budget : ★

Faites infuser les feuilles de menthe dans le lait pendant une nuit.

Mixez le sucre glace et la poudre d'amandes pour obtenir une poudre très fine. Montez les blancs d'œufs en neige avec une pincée de sucre. Quand le mélange commence à mousser, ajoutez petit à petit le sucre. Lorsque tout le sucre est incorporé, augmentez doucement la vitesse du batteur et fouettez jusqu'à l'obtention d'une belle meringue qui forme « un bec d'oiseau » lorsqu'on soulève les fouets. Ajoutez le colorant vert à la meringue italienne. Saupoudrez les macarons de feuilles de menthe séchées et émiettées avant cuisson.

Ajoutez un tiers de mélange poudre d'amandes-sucre glace, mélangez à la spatule pour assouplir la masse. Ajoutez le restant de poudre et mélangez délicatement à la spatule en soulevant la masse, en raclant bien les bords et le fond. Mélangez suffisamment pour lisser la pâte mais sans la liquéfier pour qu'elle ne s'étale pas trop.

Remplissez une poche munie d'une douille de 8 mm et dressez les macarons sur une plaque de cuisson couverte de papier sulfurisé. Espacez-les suffisamment et décalez les rangées en quinconce pour uniformiser le passage de la chaleur. Tapez avec le plat de la main sous la plaque pour uniformiser les macarons et chasser les bulles d'air. Laissez croûter (sécher) 30 minutes.

Saupoudrez les macarons de feuilles de menthe séchées et émiettées avant cuisson. Placez au four pour 15 minutes à 150 °C (th. 5). Retournez la plaque à mi-cuisson. Sortez les macarons du four, faites glisser la feuille de papier sulfurisé avec les coques sur le plan de travail et laissez-les refroidir complètement avant de les décoller.

Faites chauffer le lait avec le sachet de thé. Mélangez l'œuf et le sucre jusqu'à blanchissement. Ajoutez la Maïzena et versez le lait à la menthe bouillant en le filtrant (conservez les feuilles). Faites épaissir à feu doux. Laissez refroidir. Battez le beurre en pommade à l'aide d'un fouet électrique et ajoutez petit à petit la crème à la menthe. Ajoutez une petite pointe de colorant vert. Passez au mixeur les feuilles de menthe cuites dans le lait et ajoutez-les à la crème. Garnissez les macarons à l'aide d'une poche à douille. Réservez 24 heures au frais avant de déguster.

Pour 30 macarons

Pour la crème
- 10 feuilles de menthe
- 8 cl de lait
- 1 sachet de thé
- 1 œuf
- 20 g de sucre
- 10 g de Maïzena
- 70 g de beurre
- Colorant alimentaire vert

Pour les coques
- 200 g de sucre glace
- 110 g de poudre d'amandes
- 95 g de blancs d'œufs
- 30 g de sucre
- Colorant alimentaire vert
- Menthe (séchée)

Macarons fraises-basilic

Préparation : 1 heure • Repos : 24 heures • Cuisson : 40 minutes • Difficulté : ★★ Budget : ★

Mixez le sucre glace et la poudre d'amandes pour obtenir une poudre très fine. Montez les blancs d'œufs en neige avec une pincée de sucre. Quand le mélange commence à mousser, ajoutez petit à petit le sucre. Lorsque tout le sucre est incorporé, augmentez doucement la vitesse du batteur et fouettez jusqu'à l'obtention d'une belle meringue qui forme « un bec d'oiseau » lorsqu'on soulève les fouets. Ajoutez le colorant rouge à la préparation.

Ajoutez un tiers de mélange poudre d'amandes-sucre glace, mélangez à la spatule pour assouplir la masse. Ajoutez le restant de poudre et mélangez délicatement à la spatule en soulevant la masse, en raclant bien les bords et le fond. Mélangez suffisamment pour lisser la pâte mais sans la liquéfier pour qu'elle ne s'étale pas trop.

Remplissez une poche munie d'une douille de 8 mm et dressez les macarons sur une plaque de cuisson couverte de papier sulfurisé. Espacez-les suffisamment et décalez les rangées en quinconce pour uniformiser le passage de la chaleur. Tapez avec le plat de la main sous la plaque pour uniformiser les macarons et chasser les bulles d'air. Laissez croûter (sécher) 30 minutes.

Saupoudrez de basilic déshydraté avant d'enfourner. Placez au four pour 15 minutes à 150 °C (th. 5). Retournez la plaque à mi-cuisson. Sortez les macarons du four, faites glisser la feuille de papier sulfurisé avec les coques sur le plan de travail et laissez-les refroidir complètement avant de les décoller.

Réduisez les fraises en purée, ajoutez les 2 feuilles de basilic hachées et faites-les cuire 10 minutes avec le sucre. Ajoutez le sucre gélifiant à confiture et la gélatine préalablement ramollie dans l'eau froide, faites cuire à feu doux 15 minutes. Laissez refroidir. Garnissez les macarons à l'aide d'une poche à douille et réservez 24 heures au frais.

Pour 30 macarons

Pour les coques
- 200 g de sucre glace
- 110 g de poudre d'amandes
- 95 g de blancs d'œufs
- 30 g de sucre
- Colorant alimentaire rouge
- Basilic déshydraté

Pour la garniture
- 200 g de fraises
- 2 feuilles de basilic
- 30 g de sucre
- 30 g de sucre gélifiant à confiture
- 2 feuilles de gélatine

Conseil : vous pouvez remplacer la gélatine par 1 g d'agar-agar.

Macarons framboise et rose

Préparation : 1 heure • Repos : 24 heures • Cuisson : 25 minutes • Difficulté : ★★ Budget : ★★

Mixez le sucre glace et la poudre d'amandes pour obtenir une poudre très fine. Montez les blancs d'œufs en neige avec une pincée de sucre. Quand le mélange commence à mousser, ajoutez petit à petit le sucre. Lorsque tout le sucre est incorporé, augmentez doucement la vitesse du batteur et fouettez jusqu'à l'obtention d'une belle meringue qui forme « un bec d'oiseau » lorsqu'on soulève les fouets. Ajoutez du colorant alimentaire rouge en très petite quantité.

Ajoutez un tiers de mélange poudre d'amandes-sucre glace, mélangez à la spatule pour assouplir la masse. Ajoutez le restant de poudre et mélangez délicatement à la spatule en soulevant la masse, en raclant bien les bords et le fond. Mélangez suffisamment pour lisser la pâte mais sans la liquéfier pour qu'elle ne s'étale pas trop.

Remplissez une poche munie d'une douille de 8 mm et dressez les macarons sur 2 plaques de cuisson superposées et couvertes de papier sulfurisé. Espacez-les suffisamment et décalez les rangées en quinconce pour uniformiser le passage de la chaleur. Tapez avec le plat de la main sous les plaques pour uniformiser les macarons et chasser les bulles d'air. Laissez croûter (sécher) 30 minutes.

Placez au four pour 15 minutes à 150 °C (th. 5). Retournez les plaques à mi-cuisson. Sortez les macarons du four, faites glisser les feuilles de papier sulfurisé avec les coques sur le plan de travail et laissez-les refroidir complètement avant de les décoller.

Mettez le coulis de framboises à chauffer, ajoutez la gélatine préalablement ramollie dans l'eau froide et essorée. Ajoutez le chocolat blanc et mélangez jusqu'à ce qu'il soit totalement fondu. Ajoutez quelques gouttes d'arôme de rose à votre goût. Laissez refroidir puis Garnissez les macarons à l'aide d'une poche à douille. Réservez 24 heures au réfrigérateur avant de déguster.

Pour 40 personnes

Pour les coques
- 200 g de sucre glace
- 110 g de poudre d'amandes
- 95 g de blancs d'œufs
- 30 g de sucre
- Colorant alimentaire rouge

Pour la garniture
- 140 g de coulis de framboises
- 2 feuilles de gélatine
- 120 g de chocolat blanc
- Arôme de rose

Macarons framboises-balsamique

Préparation : 1 heure • Repos : 24 heures • Cuisson : 31 minutes • Difficulté : ★★ Budget : ★

Mixez le sucre glace et la poudre d'amandes pour obtenir une poudre très fine. Montez les blancs d'œufs en neige avec une pincée de sucre. Quand le mélange commence à mousser, ajoutez petit à petit le sucre. Lorsque tout le sucre est incorporé, augmentez doucement la vitesse du batteur et fouettez jusqu'à l'obtention d'une belle meringue qui forme « un bec d'oiseau » lorsqu'on soulève les fouets. Ajoutez le colorant rouge à la préparation.

Ajoutez un tiers de mélange poudre d'amandes-sucre glace, mélangez à la spatule pour assouplir la masse. Ajoutez le restant de poudre et mélangez délicatement à la spatule en soulevant la masse, en raclant bien les bords et le fond. Mélangez suffisamment pour lisser la pâte mais sans la liquéfier pour qu'elle ne s'étale pas trop.

Remplissez une poche munie d'une douille de 8 mm et dressez les macarons sur une plaque de cuisson couverte de papier sulfurisé. Espacez-les suffisamment et décalez les rangées en quinconce pour uniformiser le passage de la chaleur. Tapez avec le plat de la main sous la plaque pour uniformiser les macarons et chasser les bulles d'air. Laissez croûter (sécher) 30 minutes.

Placez au four pour 15 minutes à 150 °C (th. 5). Retournez la plaque à mi-cuisson. Sortez les macarons du four, faites glisser la feuille de papier sulfurisé avec les coques sur le plan de travail et laissez-les refroidir complètement avant de les décoller.

Versez dans une casserole le coulis de framboises, ajoutez le sucre et faites mijoter 15 minutes. Ajoutez la gélatine, le vinaigre balsamique et portez à ébullition pendant 1 minute en mélangeant doucement. Versez dans un bol, laissez refroidir. Garnissez les macarons à l'aide d'une poche à douille avant que la framboise ne soit totalement gélifiée. Réservez 24 heures au frais.

Pour 30 macarons

Pour les coques
+ 200 g de sucre glace
+ 110 g de poudre d'amandes
+ 95 g de blancs d'œufs
+ 30 g de sucre
+ Colorant alimentaire rouge

Pour la garniture
+ 200 g de coulis de framboises
+ 40 g de sucre gélifiant à confiture
+ 2 feuilles de gélatine
+ 1 cuil. à café de vinaigre balsamique

Conseil : vous pouvez remplacer la gélatine par 1 g d'agar-agar.

Macarons fruits rouges-réglisse

Préparation : 1 heure • Repos : 24 heures • Cuisson : 16 minutes • Difficulté : ★★ Budget : ★

Mixez le sucre glace et la poudre d'amandes pour obtenir une poudre très fine. Montez les blancs d'œufs en neige avec une pincée de sucre. Quand le mélange commence à mousser, ajoutez petit à petit le sucre. Lorsque tout le sucre est incorporé, augmentez doucement la vitesse du batteur et fouettez jusqu'à l'obtention d'une belle meringue qui forme « un bec d'oiseau » lorsqu'on soulève les fouets. Ajoutez les colorants brun et rouge à la préparation.

Ajoutez un tiers de mélange poudre d'amandes-sucre glace, mélangez à la spatule pour assouplir la masse. Ajoutez le restant de poudre et mélangez délicatement à la spatule en soulevant la masse, en raclant bien les bords et le fond. Mélangez suffisamment pour lisser la pâte mais sans la liquéfier pour qu'elle ne s'étale pas trop.

Remplissez une poche munie d'une douille de 8 mm et dressez les macarons sur une plaque de cuisson couverte de papier sulfurisé. Espacez-les suffisamment et décalez les rangées en quinconce pour uniformiser le passage de la chaleur. Tapez avec le plat de la main sous la plaque pour uniformiser les macarons et chasser les bulles d'air. Laissez croûter (sécher) 30 minutes.

Placez au four pour 15 minutes à 150 °C (th. 5). Retournez la plaque à mi-cuisson. Sortez les macarons du four, faites glisser la feuille de papier sulfurisé avec les coques sur le plan de travail et laissez-les refroidir complètement avant de les décoller.

Faites fondre le chocolat blanc avec la crème au four à micro-ondes 3 fois 30 secondes en mélangeant bien entre deux. Ajoutez le coulis de fruits rouges et la réglisse. Laissez refroidir à température ambiante.

Garnissez les macarons à l'aide d'une poche à douille avant que la ganache ne durcisse et réservez 24 heures au frais.

Pour 30 macarons

Pour les coques
- 200 g de sucre glace
- 110 g de poudre d'amandes
- 95 g de blancs d'œufs
- 30 g de sucre
- Colorant alimentaire brun
- Colorant alimentaire rouge

Pour la garniture
- 150 g de chocolat blanc
- 2 cl de crème liquide
- 60 g de coulis de fruits rouges
- 1 cuil. à café de poudre de réglisse

Macarons mangue et ananas

Préparation : 1 heure • Repos : 24 heures • Cuisson : 35 minutes • Difficulté : ★★ Budget : ★★

Mixez le sucre glace et la poudre d'amandes pour obtenir une poudre très fine. Montez les blancs d'œufs en neige avec une pincée de sucre. Quand le mélange commence à mousser, ajoutez petit à petit le sucre. Lorsque tout le sucre est incorporé, augmentez doucement la vitesse du batteur et fouettez jusqu'à l'obtention d'une belle meringue qui forme « un bec d'oiseau » lorsqu'on soulève les fouets. Ajoutez du colorant alimentaire orange.

Ajoutez un tiers de mélange poudre d'amandes-sucre glace, mélangez à la spatule pour assouplir la masse. Ajoutez le restant de poudre et mélangez délicatement à la spatule en soulevant la masse, en raclant bien les bords et le fond. Mélangez suffisamment pour lisser la pâte mais sans la liquéfier pour qu'elle ne s'étale pas trop.

Remplissez une poche munie d'une douille de 8 mm et dressez les macarons sur 2 plaques de cuisson superposées et couvertes de papier sulfurisé. Espacez-les suffisamment et décalez les rangées en quinconce pour uniformiser le passage de la chaleur. Tapez avec le plat de la main sous les plaques pour uniformiser les macarons et chasser les bulles d'air. Laissez croûter (sécher) 30 minutes.

Placez au four pour 15 minutes à 150 °C (th. 5). Retournez les plaques à mi-cuisson. Sortez les macarons du four, faites glisser les feuilles de papier sulfurisé avec les coques sur le plan de travail et laissez-les refroidir complètement avant de les décoller. À l'aide d'un pinceau sec, passez un peu de poudre or sur les coques.

Mixez la pulpe de la mangue et l'ananas et placez-les dans une casserole avec le sucre. Laissez compoter sur feu doux 20 minutes en mélangeant régulièrement. Hors du feu, ajoutez les feuilles de gélatine préalablement ramollies dans l'eau froide et essorées puis le chocolat blanc. Mélangez jusqu'à ce que le mélange soit homogène et laissez refroidir.

Lorsque la préparation commence à se figer, garnissez les macarons à l'aide d'une poche douille et réservez 24 heures au frais avant de déguster.

Pour 40 macarons

Pour les coques
+ 200 g de sucre glace
+ 110 g de poudre d'amandes
+ 95 g de blancs d'œufs
+ 30 g de sucre
+ Colorant alimentaire orange
+ Colorant alimentaire or

Pour la garniture
+ 80 g de mangue
+ 80 g d'ananas
+ 30 g de sucre
+ 2 feuilles de gélatine
+ 100 g de chocolat blanc

Macarons mangues-safran

Préparation : 1 heure • Repos : 24 heures • Cuisson : 20 minutes • Difficulté : ★★ Budget : ★★★

Mixez le sucre glace et la poudre d'amandes pour obtenir une poudre très fine. Montez les blancs d'œufs en neige avec une pincée de sucre. Quand le mélange commence à mousser, ajoutez petit à petit le sucre. Lorsque tout le sucre est incorporé, augmentez doucement la vitesse du batteur et fouettez jusqu'à l'obtention d'une belle meringue qui forme « un bec d'oiseau » lorsqu'on soulève les fouets. Ajoutez le colorant jaune orangé à la préparation.

Ajoutez un tiers de mélange poudre d'amandes-sucre glace, mélangez à la spatule pour assouplir la masse. Ajoutez le restant de poudre et mélangez délicatement à la spatule en soulevant la masse, en raclant bien les bords et le fond. Mélangez suffisamment pour lisser la pâte mais sans la liquéfier pour qu'elle ne s'étale pas trop.

Remplissez une poche munie d'une douille de 8 mm et dressez les macarons sur une plaque de cuisson couverte de papier sulfurisé. Espacez-les suffisamment et décalez les rangées en quinconce pour uniformiser le passage de la chaleur. Tapez avec le plat de la main sous la plaque pour uniformiser les macarons et chasser les bulles d'air. Laissez croûter (sécher) 30 minutes.

Placez au four pour 15 minutes à 150 °C (th. 5). Retournez la plaque à mi-cuisson. Sortez les macarons du four, faites glisser la feuille de papier sulfurisé avec les coques sur le plan de travail et laissez-les refroidir complètement avant de les décoller.

Dans un saladier en métal type cul-de-poule, mélangez l'œuf, le sucre, la purée de mangue, une pointe de safran en poudre, la Maïzena diluée dans 10 cl d'eau et 30 g de beurre. À l'aide d'un fouet, mélangez au bain-marie sans arrêter jusqu'à épaississement de la crème. Laissez refroidir le tout à température ambiante, recouvert d'un film alimentaire. Battez le beurre restant en pommade et ajoutez petit à petit la crème.

Garnissez les macarons à l'aide d'une poche à douille, déposez 2 ou 3 filaments de safran et réservez 24 heures au frais.

Pour 30 macarons

Pour les coques
- 200 g de poudre d'amandes
- 110 g de sucre glace
- 95 g de blancs d'œufs
- 30 g de sucre
- Colorant alimentaire jaune orangé

Pour la garniture
- 1 œuf
- 20 g de sucre
- 100 g de purée de mangue
- Safran en poudre
- 10 g de Maïzena
- 100 g de beurre
- Filaments de safran

Macarons menthe et réglisse

Préparation : 1 heure • Repos : 24 heures + 1 heure • Cuisson : 25 minutes • Difficulté : ★★
Budget : ★★

Mixez le sucre glace et la poudre d'amandes pour obtenir une poudre très fine. Montez les blancs d'œufs en neige avec une pincée de sucre. Quand le mélange commence à mousser, ajoutez petit à petit le sucre. Lorsque tout le sucre est incorporé, augmentez doucement la vitesse du batteur et fouettez jusqu'à l'obtention d'une belle meringue qui forme « un bec d'oiseau » lorsqu'on soulève les fouets. Ajoutez du colorant alimentaire noir.

Ajoutez un tiers de mélange poudre d'amandes-sucre glace, mélangez à la spatule pour assouplir la masse. Ajoutez le restant de poudre et mélangez délicatement à la spatule en soulevant la masse, en raclant bien les bords et le fond. Mélangez suffisamment pour lisser la pâte mais sans la liquéfier pour qu'elle ne s'étale pas trop.

Remplissez une poche munie d'une douille de 8 mm et dressez les macarons sur 2 plaques de cuisson superposées et couvertes de papier sulfurisé. Espacez-les suffisamment et décalez les rangées en quinconce pour uniformiser le passage de la chaleur. Tapez avec le plat de la main sous les plaques pour uniformiser les macarons et chasser les bulles d'air. Laissez croûter (sécher) 30 minutes.

Placez au four pour 15 minutes à 150 °C (th. 5). Retournez les plaques à mi-cuisson. Sortez les macarons du four, faites glisser les feuilles de papier sulfurisé avec les coques sur le plan de travail et laissez-les refroidir complètement avant de les décoller.

Faites infuser la menthe dans le lait 1 heure. Portez le lait à ébullition avec le rouleau de réglisse coupé en petits morceaux et la menthe. Fouettez l'œuf et le sucre jusqu'à ce que le mélange blanchisse. Ajoutez la Maïzena. Versez le lait bouillant après l'avoir filtré pour retirer les feuilles de menthe. Faites épaissir à feu doux. Laissez refroidir.

Battez le beurre en pommade à l'aide d'un fouet électrique et ajoutez petit à petit la crème menthe réglisse. Garnissez les macarons à l'aide d'une poche à douille et réservez 24 heures au frais avant de déguster.

Pour 40 macarons

Pour les coques
- 200 g de sucre glace
- 110 g de poudre d'amandes
- 95 g de blancs d'œufs
- 30 g de sucre
- Colorant alimentaire noir

Pour la garniture
- 10 feuilles de menthe
- 10 cl de lait
- 1 rouleau de réglisse
- 1 œuf
- 20 g de sucre
- 10 g de Maïzena
- 100 g de beurre

Macarons menthe glaciale

Préparation : 1 heure • Repos : 24 heures • Cuisson : 15 minutes • Difficulté : ★★ Budget : ★

Mixez le sucre glace et la poudre d'amandes pour obtenir une poudre très fine. Montez les blancs d'œufs en neige avec une pincée de sucre. Quand le mélange commence à mousser, ajoutez petit à petit le sucre. Lorsque tout le sucre est incorporé, augmentez doucement la vitesse du batteur et fouettez jusqu'à l'obtention d'une belle meringue qui forme « un bec d'oiseau » lorsqu'on soulève les fouets. Ajoutez une pointe de colorant bleu à la préparation. Vous pouvez saupoudrer les coques de sucre pour imiter le givre juste avant la cuisson.

Ajoutez un tiers de mélange poudre d'amandes-sucre glace, mélangez à la spatule pour assouplir la masse. Ajoutez le restant de poudre et mélangez délicatement à la spatule en soulevant la masse, en raclant bien les bords et le fond. Mélangez suffisamment pour lisser la pâte mais sans la liquéfier pour qu'elle ne s'étale pas trop.

Remplissez une poche munie d'une douille de 8 mm et dressez les macarons sur une plaque de cuisson couverte de papier sulfurisé. Espacez-les suffisamment et décalez les rangées en quinconce pour uniformiser le passage de la chaleur. Tapez avec le plat de la main sous la plaque pour uniformiser les macarons et chasser les bulles d'air. Laissez croûter (sécher) 30 minutes.

Placez au four pour 15 minutes à 150 °C (th. 5). Retournez la plaque à mi-cuisson. Sortez les macarons du four, faites glisser la feuille de papier sulfurisé avec les coques sur le plan de travail et laissez-les refroidir complètement avant de les décoller.

Battez le beurre en pommade à l'aide d'un fouet électrique et ajoutez petit à petit le sirop de menthe jusqu'à l'obtention d'une crème onctueuse.

Garnissez les macarons à l'aide d'une poche à douille et réservez 24 heures au frais.

Pour 30 macarons

Pour les coques
+ 200 g de sucre glace
+ 110 g de poudre d'amandes
+ 95 g de blancs d'œufs
+ 30 g de sucre
+ Colorant alimentaire bleu

Pour la garniture
+ 100 g de beurre
+ 120 g de sirop de menthe glaciale

Conseil : vous pouvez intensifier ou diminuer le goût de la menthe en jouant sur la quantité de sirop. Si vous voulez en ajouter, faites-le toujours petit à petit en attendant à chaque fois que le sirop soit bien intégré au beurre.

Macarons mille-feuille

Préparation : 1 heure • Repos : 12 heures • Cuisson : 14 minutes • Difficulté : ★★ Budget : ★

La veille, faites fondre le chocolat blanc et 3 cl de crème au four à micro-ondes 2 fois 30 secondes. Laissez tiédir et ajoutez le reste de crème. Gardez au frais une nuit. Le lendemain, fouettez le mélange afin d'obtenir une ganache montée ; cela ne prend que 2 ou 3 minutes. Placez au frais.

Mixez le sucre glace et la poudre d'amandes pour obtenir une poudre très fine. Montez les blancs d'œufs en neige avec une pincée de sucre. Quand le mélange commence à mousser, ajoutez petit à petit le sucre. Lorsque tout le sucre est incorporé, augmentez doucement la vitesse du batteur et fouettez jusqu'à l'obtention d'une belle meringue qui forme « un bec d'oiseau » lorsqu'on soulève les fouets. Ajoutez le colorant rouge à la préparation.

Ajoutez un tiers de mélange poudre d'amandes-sucre glace, mélangez à la spatule pour assouplir la masse. Ajoutez le restant de poudre et mélangez délicatement à la spatule en soulevant la masse, en raclant bien les bords et le fond. Mélangez suffisamment pour lisser la pâte mais sans la liquéfier pour qu'elle ne s'étale pas trop.

Remplissez une poche munie d'une douille de 8 mm et réalisez 12 disques de 8 cm de diamètre sur une plaque de cuisson couverte de papier sulfurisé. Espacez-les suffisamment et décalez les rangées en quinconce pour uniformiser le passage de la chaleur. Tapez avec le plat de la main sous la plaque pour uniformiser les macarons et chasser les bulles d'air. Laissez croûter (sécher) 30 minutes.

Placez au four pour 15 minutes à 150 °C (th. 5). Retournez la plaque à mi-cuisson. Sortez les macarons du four, faites glisser la feuille de papier sulfurisé avec les coques sur le plan de travail et laissez-les refroidir complètement avant de les décoller.

Au moment de servir, garnissez la coque de ganache, placez les framboises et saupoudrez de pistaches. Placez une coque et renouvelez l'opération. Finissez par une 3e coque que vous décorerez d'une framboise maintenue par une touche de ganache et parsemez de pistaches. Servez aussitôt.

Pour 4 personnes

Pour la garniture
- 100 g de chocolat blanc
- 13 cl de crème fleurette
- 250 g de framboises
- 100 g de pistaches fraîches

Pour les coques
- 3 blancs d'œufs
- 100 g de sucre glace
- 100 g de poudre d'amandes
- 100 g de sucre
- Colorant alimentaire rouge

Macarons mojito

Préparation : 1 heure • Repos : 24 heures + 1 heure • Cuisson : 20 minutes • Difficulté : ★★
Budget : ★★

Mixez le sucre glace et la poudre d'amandes pour obtenir une poudre très fine. Montez les blancs d'œufs en neige avec une pincée de sucre. Quand le mélange commence à mousser, ajoutez petit à petit le sucre. Lorsque tout le sucre est incorporé, augmentez doucement la vitesse du batteur et fouettez jusqu'à l'obtention d'une belle meringue qui forme « un bec d'oiseau » lorsqu'on soulève les fouets. Ajoutez du colorant alimentaire vert.

Ajoutez un tiers de mélange poudre d'amandes-sucre glace, mélangez à la spatule pour assouplir la masse. Ajoutez le restant de poudre et mélangez délicatement à la spatule en soulevant la masse, en raclant bien les bords et le fond. Mélangez suffisamment pour lisser la pâte mais sans la liquéfier pour qu'elle ne s'étale pas trop.

Remplissez une poche munie d'une douille de 8 mm et dressez les macarons sur 2 plaques de cuisson superposées et couvertes de papier sulfurisé. Espacez-les suffisamment et décalez les rangées en quinconce pour uniformiser le passage de la chaleur. Tapez avec le plat de la main sous les plaques pour uniformiser les macarons et chasser les bulles d'air. Laissez croûter (sécher) 30 minutes.

Placez au four pour 15 minutes à 150 °C (th. 5). Retournez les plaques à mi-cuisson. Sortez les macarons du four, faites glisser les feuilles de papier sulfurisé avec les coques sur le plan de travail et laissez-les refroidir complètement avant de les décoller.

Dans un bol, placez les feuilles de menthe avec 1 cuil. à soupe de sucre et écrasez le tout avec un pilon. Ajoutez le jus de citron vert et laissez reposer 1 heure.

Filtrez le jus de citron, placez-le dans un saladier en inox type cul-de-poule, ajoutez l'œuf, le zeste du citron et le restant de sucre. À l'aide d'un fouet, mélangez au bain-marie sans arrêter jusqu'à l'épaississement de la crème. Laissez refroidir à température ambiante. Fouettez le beurre tempéré en pommade avec un batteur électrique et ajoutez petit à petit la crème au citron, jusqu'à l'obtention d'une crème onctueuse. Garnissez les macarons à l'aide d'une poche à douille. Réservez 24 heures au réfrigérateur avant de déguster.

Pour 40 macarons

Pour les coques
+ 200 g de sucre glace
+ 110 g de poudre d'amandes
+ 95 g de blancs d'œufs
+ 30 g de sucre
+ Colorant alimentaire vert

Pour la garniture
+ 8 feuilles de menthe
+ 30 g de sucre
+ 1 citron vert non traité
+ 1 œuf
+ 100 g de beurre (mou)

Macarons mont-blanc

Préparation : 1 heure • Repos : 30 heures • Cuisson : 16 minutes • Difficulté : ★★ Budget : ★★

Mixez le sucre glace et la poudre d'amandes pour obtenir une poudre très fine. Montez les blancs d'œufs en neige avec une pincée de sucre. Quand le mélange commence à mousser, ajoutez petit à petit le sucre. Lorsque tout le sucre est incorporé, augmentez doucement la vitesse du batteur et fouettez jusqu'à l'obtention d'une belle meringue qui forme « un bec d'oiseau » lorsqu'on soulève les fouets.

Ajoutez un tiers de mélange poudre d'amandes-sucre glace, mélangez à la spatule pour assouplir la masse. Ajoutez le restant de poudre et mélangez délicatement à la spatule en soulevant la masse, en raclant bien les bords et le fond. Mélangez suffisamment pour lisser la pâte mais sans la liquéfier pour qu'elle ne s'étale pas trop.

Remplissez une poche munie d'une douille de 8 mm et dressez les macarons sur une plaque de cuisson couverte de papier sulfurisé. Espacez-les suffisamment et décalez les rangées en quinconce pour uniformiser le passage de la chaleur. Tapez avec le plat de la main sous la plaque pour uniformiser les macarons et chasser les bulles d'air. Laissez croûter (sécher) 30 minutes.

Placez au four pour 15 minutes à 150 °C (th. 5). Retournez la plaque à mi-cuisson. Sortez les macarons du four, faites glisser la feuille de papier sulfurisé avec les coques sur le plan de travail et laissez-les refroidir complètement avant de les décoller.

Faites fondre le chocolat blanc avec 30 cl de crème liquide au four à micro-ondes, 3 fois 30 secondes, en mélangeant à chaque fois. Quand le chocolat a refroidi, ajoutez le restant de crème et la crème de marrons. Placez au frais 6 heures.

Fouettez la ganache à la crème de marrons au fouet électrique pour obtenir une crème mousseuse.

Garnissez les macarons à l'aide d'une poche à douille cannelée. Placez 2 ou 3 petits morceaux de marron glacé, fermez le macaron puis réservez 24 heures au frais.

Pour 30 macarons

Pour les coques
- 200 g de sucre glace
- 110 g de poudre d'amandes
- 95 g de blancs d'œufs
- 30 g de sucre

Pour la garniture
- 80 g de chocolat blanc
- 30 cl de crème liquide entière
- 2 cuil. à soupe de crème de marrons
- 6 marrons glacés

Macarons mûre et lavande

Préparation : 1 heure • Repos : 24 heures • Cuisson : 30 minutes • Difficulté : ★★ Budget : ★★

Mixez le sucre glace et la poudre d'amandes pour obtenir une poudre très fine. Montez les blancs d'œufs en neige avec une pincée de sucre. Quand le mélange commence à mousser, ajoutez petit à petit le sucre. Lorsque tout le sucre est incorporé, augmentez doucement la vitesse du batteur et fouettez jusqu'à l'obtention d'une belle meringue qui forme « un bec d'oiseau » lorsqu'on soulève les fouets. Ajoutez du colorant alimentaire bleu et rouge.

Ajoutez un tiers de mélange poudre d'amandes-sucre glace, mélangez à la spatule pour assouplir la masse. Ajoutez le restant de poudre et mélangez délicatement à la spatule en soulevant la masse, en raclant bien les bords et le fond. Mélangez suffisamment pour lisser la pâte mais sans la liquéfier pour qu'elle ne s'étale pas trop.

Remplissez une poche munie d'une douille de 8 mm et dressez les macarons sur 2 plaques de cuisson superposées et couvertes de papier sulfurisé. Espacez-les suffisamment et décalez les rangées en quinconce pour uniformiser le passage de la chaleur. Tapez avec le plat de la main sous les plaques pour uniformiser les macarons et chasser les bulles d'air. Laissez croûter (sécher) 30 minutes.

Placez au four pour 15 minutes à 150 °C (th. 5). Retournez les plaques à mi-cuisson. Sortez les macarons du four, faites glisser les feuilles de papier sulfurisé avec les coques sur le plan de travail et laissez-les refroidir complètement avant de les décoller.

Mettez les mûres à cuire 15 minutes avec le sucre. Réduisez-les en purée puis passez-les au chinois pour retirer les grains. Mettez la purée de mûres à chauffer, hors du feu, ajoutez les feuilles de gélatine préalablement ramollies dans l'eau froide et essorées. Incorporez le chocolat blanc et mélangez jusqu'à ce qu'il soit totalement fondu. Ajoutez le sirop de lavande.

Laissez refroidir et épaissir puis Garnissez les macarons avant la gélification complète de la ganache à l'aide d'une poche à douille et réservez 24 heures au frais avant de déguster.

Pour 40 macarons

Pour les coques
- 200 g de sucre glace
- 110 g de poudre d'amandes
- 95 g de blancs d'œufs
- 30 g de sucre
- Colorant alimentaire bleu
- Colorant alimentaire rouge

Pour la garniture
- 250 g de mûres
- 20 g de sucre
- 2 feuilles de gélatine
- 120 g de chocolat blanc
- 2 cuil. à soupe de sirop de lavande

Macarons myrtille

Préparation : 1 heure • Repos : 24 heures • Cuisson : 15 minutes • Difficulté : ★★ Budget : ★★

Mixez le sucre glace et la poudre d'amandes pour obtenir une poudre très fine. Montez les blancs d'œufs en neige avec une pincée de sucre. Quand le mélange commence à mousser, ajoutez petit à petit le sucre. Lorsque tout le sucre est incorporé, augmentez doucement la vitesse du batteur et fouettez jusqu'à l'obtention d'une belle meringue qui forme « un bec d'oiseau » lorsqu'on soulève les fouets. Ajoutez du colorant alimentaire noir (en petite quantité, certains colorants noirs donne du bleu). Saupoudrez de colorant alimentaire irisé argent.

Ajoutez un tiers de mélange poudre d'amandes-sucre glace, mélangez à la spatule pour assouplir la masse. Ajoutez le restant de poudre et mélangez délicatement à la spatule en soulevant la masse, en raclant bien les bords et le fond. Mélangez suffisamment pour lisser la pâte mais sans la liquéfier pour qu'elle ne s'étale pas trop.

Remplissez une poche munie d'une douille de 8 mm et dressez les macarons sur 2 plaques de cuisson superposées et couvertes de papier sulfurisé. Espacez-les suffisamment et décalez les rangées en quinconce pour uniformiser le passage de la chaleur. Tapez avec le plat de la main sous les plaques pour uniformiser les macarons et chasser les bulles d'air. Laissez croûter (sécher) 30 minutes.

Placez au four pour 15 minutes à 150 °C (th. 5). Retournez les plaques à mi-cuisson. Sortez les macarons du four, faites glisser les feuilles de papier sulfurisé avec les coques sur le plan de travail et laissez-les refroidir complètement avant de les décoller. À l'aide d'un pinceau sec, décorez les coques de poudre alimentaire argent.

Mettez les myrtilles à cuire 15 minutes avec le sucre. Réduisez-les en purée puis passez-les au chinois pour retirer les grains. Mettez la purée de myrtilles à chauffer, hors du feu, ajoutez les feuilles de gélatine ramollies dans l'eau froide et essorées. Incorporez le chocolat blanc et mélangez jusqu'à ce qu'il soit totalement fondu.

Laissez refroidir et épaissir puis Garnissez les macarons avant la gélification complète de la ganache à l'aide d'une poche à douille et réservez 24 heures au frais avant de déguster.

Pour 40 macarons

Pour les coques
- 200 g de sucre glace
- 110 g de poudre d'amandes
- 95 g de blancs d'œufs
- 30 g de sucre
- Colorant alimentaire noir
- Colorant alimentaire irisé argent

Pour la garniture
- 250 g de myrtilles
- 20 g de sucre
- 2 feuilles de gélatine
- 120 g de chocolat blanc

Macarons normands

Préparation : 1 heure • Repos : 24 heures • Cuisson : 35 minutes • Difficulté : ★★ Budget : ★★

Mixez le sucre glace et la poudre d'amandes pour obtenir une poudre très fine. Montez les blancs d'œufs en neige avec une pincée de sucre. Quand le mélange commence à mousser, ajoutez petit à petit le sucre. Lorsque tout le sucre est incorporé, augmentez doucement la vitesse du batteur et fouettez jusqu'à l'obtention d'une belle meringue qui forme « un bec d'oiseau » lorsqu'on soulève les fouets. Ajoutez du colorant alimentaire vert.

Ajoutez un tiers de mélange poudre d'amandes-sucre glace, mélangez à la spatule pour assouplir la masse. Ajoutez le restant de poudre et mélangez délicatement à la spatule en soulevant la masse, en raclant bien les bords et le fond. Mélangez suffisamment pour lisser la pâte mais sans la liquéfier pour qu'elle ne s'étale pas trop.

Remplissez une poche munie d'une douille de 8 mm et dressez les macarons sur 2 plaques de cuisson superposées et couvertes de papier sulfurisé. Espacez-les suffisamment et décalez les rangées en quinconce pour uniformiser le passage de la chaleur. Tapez avec le plat de la main sous les plaques pour uniformiser les macarons et chasser les bulles d'air. Laissez croûter (sécher) 30 minutes.

Placez au four pour 15 minutes à 150 °C (th. 5). Retournez les plaques à mi-cuisson. Sortez les macarons du four, faites glisser les feuilles de papier sulfurisé avec les coques sur le plan de travail et laissez-les refroidir complètement avant de les décoller.

Épluchez et coupez les pommes en dés. Placez-les dans une casserole avec le sucre et le calvados. Laissez compoter sur feu doux 20 minutes en mélangeant régulièrement. Ajoutez les feuilles de gélatine préalablement ramollies dans l'eau froide et essorées, mélangez bien puis laissez refroidir. Garnissez les macarons et réservez 24 heures au frais avant de déguster.

Pour 40 macarons

Pour les coques
+ 200 g de sucre glace
+ 110 g de poudre d'amandes
+ 95 g de blancs d'œufs
+ 30 g de sucre
+ Colorant alimentaire vert

Pour la garniture
+ 250 g de pommes
+ 60 g de sucre
+ 2 cuil. à soupe de calvados
+ 2 feuilles de gélatine

Macarons orange-pavot

Préparation : 1 heure • Repos : 24 heures • Cuisson : 20 minutes • Difficulté : ★★ Budget : ★

Mixez le sucre glace et la poudre d'amandes pour obtenir une poudre très fine. Montez les blancs d'œufs en neige avec une pincée de sucre. Quand le mélange commence à mousser, ajoutez petit à petit le sucre. Lorsque tout le sucre est incorporé, augmentez doucement la vitesse du batteur et fouettez jusqu'à l'obtention d'une belle meringue qui forme « un bec d'oiseau » lorsqu'on soulève les fouets. Ajoutez du colorant alimentaire. Ajoutez le colorant orange à la préparation et saupoudrez les coques de graines de pavot avant cuisson.

Ajoutez un tiers de mélange poudre d'amandes-sucre glace, mélangez à la spatule pour assouplir la masse. Ajoutez le restant de poudre et mélangez délicatement à la spatule en soulevant la masse, en raclant bien les bords et le fond. Mélangez suffisamment pour lisser la pâte mais sans la liquéfier pour qu'elle ne s'étale pas trop.

Remplissez une poche munie d'une douille de 8 mm et dressez les macarons sur une plaque de cuisson couverte de papier sulfurisé. Espacez-les suffisamment et décalez les rangées en quinconce pour uniformiser le passage de la chaleur. Tapez avec le plat de la main sous la plaque pour uniformiser les macarons et chasser les bulles d'air. Laissez croûter (sécher) 30 minutes.

Placez au four pour 15 minutes à 150 °C (th. 5). Retournez la plaque à mi-cuisson. Sortez les macarons du four, faites glisser la feuille de papier sulfurisé avec les coques sur le plan de travail et laissez-les refroidir complètement avant de les décoller.

Dans un saladier, mélangez l'œuf, 2,5 cl du jus d'orange, le zeste de l'orange, le sucre et 30 g de beurre. À l'aide d'un fouet, mélangez au bain-marie sans arrêter jusqu'à l'épaississement de la crème. Laissez refroidir à température ambiante. Fouettez le restant de beurre tempéré en pommade avec un batteur électrique et ajoutez petit à petit la crème à l'orange puis les graines de pavot.

Garnissez les macarons à l'aide d'une poche à douille et réservez 24 heures au frais.

Pour 30 macarons

Pour les coques
- 200 g de sucre glace
- 110 g de poudre d'amandes
- 95 g de blancs d'œufs
- 30 g de sucre
- Colorant alimentaire orange
- Graines de pavot

Pour la garniture
- 1 œuf
- 1 orange (non traitée)
- 30 g de sucre
- 100 g de beurre
- 2 cuil. à café de graines de pavot

Macarons orange et menthe

Préparation : 1 heure • Repos : 24 heures • Cuisson : 15 minutes • Difficulté : ★★ Budget : ★★

Mixez le sucre glace et la poudre d'amandes pour obtenir une poudre très fine. Montez les blancs d'œufs en neige avec une pincée de sucre. Quand le mélange commence à mousser, ajoutez petit à petit le sucre. Lorsque tout le sucre est incorporé, augmentez doucement la vitesse du batteur et fouettez jusqu'à l'obtention d'une belle meringue qui forme « un bec d'oiseau » lorsqu'on soulève les fouets. Ajoutez du colorant alimentaire orange.

Ajoutez un tiers de mélange poudre d'amandes-sucre glace, mélangez à la spatule pour assouplir la masse. Ajoutez le restant de poudre et mélangez délicatement à la spatule en soulevant la masse, en raclant bien les bords et le fond. Mélangez suffisamment pour lisser la pâte mais sans la liquéfier pour qu'elle ne s'étale pas trop.

Remplissez une poche munie d'une douille de 8 mm et dressez les macarons sur 2 plaques de cuisson superposées et couvertes de papier sulfurisé. Espacez-les suffisamment et décalez les rangées en quinconce pour uniformiser le passage de la chaleur. Tapez avec le plat de la main sous les plaques pour uniformiser les macarons et chasser les bulles d'air. Laissez croûter (sécher) 30 minutes.

Placez au four pour 15 minutes à 150 °C (th. 5). Retournez les plaques à mi-cuisson. Sortez les macarons du four, faites glisser les feuilles de papier sulfurisé avec les coques sur le plan de travail et laissez-les refroidir complètement avant de les décoller.

Dans un saladier en inox type cul-de-poule, versez le jus de l'orange, l'eau de fleur d'oranger et les feuilles de menthe hachées. Ajoutez l'œuf, le zeste de l'orange et le sucre. À l'aide d'un fouet, mélangez au bain-marie sans arrêter jusqu'à l'épaississement de la crème. Laissez refroidir à température ambiante.

Fouettez le beurre tempéré en pommade avec un batteur électrique et ajoutez petit à petit la crème à l'orange, jusqu'à l'obtention d'une crème onctueuse. Garnissez les macarons à l'aide d'une poche à douille. Réservez 24 heures au réfrigérateur avant de déguster.

Pour 40 macarons

Pour les coques
- 200 g de sucre glace
- 110 g de poudre d'amandes
- 95 g de blancs d'œufs
- 30 g de sucre
- Colorant alimentaire orange

Pour la garniture
- ½ orange non traitée
- 1 cuil. à soupe d'eau de fleur d'oranger
- 6 feuilles de menthe
- 1 œuf
- 30 g de sucre
- 100 g de beurre

Macarons orientaux

Préparation : 1 heure • Repos : 24 heures • Cuisson : 25 minutes • Difficulté : ★★ Budget : ★★

Mixez le sucre glace et la poudre d'amandes pour obtenir une poudre très fine. Montez les blancs d'œufs en neige avec une pincée de sucre. Quand le mélange commence à mousser, ajoutez petit à petit le sucre. Lorsque tout le sucre est incorporé, augmentez doucement la vitesse du batteur et fouettez jusqu'à l'obtention d'une belle meringue qui forme « un bec d'oiseau » lorsqu'on soulève les fouets. Ajoutez du colorant alimentaire brun.

Ajoutez un tiers de mélange poudre d'amandes-sucre glace, mélangez à la spatule pour assouplir la masse. Ajoutez le restant de poudre et mélangez délicatement à la spatule en soulevant la masse, en raclant bien les bords et le fond. Mélangez suffisamment pour lisser la pâte mais sans la liquéfier pour qu'elle ne s'étale pas trop.

Remplissez une poche munie d'une douille de 8 mm et dressez les macarons sur 2 plaques de cuisson superposées et couvertes de papier sulfurisé. Espacez-les suffisamment et décalez les rangées en quinconce pour uniformiser le passage de la chaleur. Tapez avec le plat de la main sous les plaques pour uniformiser les macarons et chasser les bulles d'air. Laissez croûter (sécher) 30 minutes.

Placez au four pour 15 minutes à 150 °C (th. 5). Retournez les plaques à mi-cuisson. Sortez les macarons du four, faites glisser les feuilles de papier sulfurisé avec les coques sur le plan de travail et laissez-les refroidir complètement avant de les décoller. À l'aide d'un pinceau sec, déposez de la poudre cuivrée irisée sur les coques.

Faites fondre le chocolat au bain-marie. Hachez les amandes et les noisettes. Ajoutez la cannelle, le miel, la fleur d'oranger et le chocolat blanc fondu. Mélangez bien puis Garnissez les macarons. Réservez 24 heures au réfrigérateur avant de déguster.

Pour 40 macarons

Pour les coques
- 200 g de sucre glace
- 110 g de poudre d'amandes
- 95 g de blancs d'œufs
- 30 g de sucre
- Colorant alimentaire brun
- Colorant alimentaire rouge irisé cuivré

Pour la garniture
- 50 g de chocolat blanc
- 100 g d'amandes
- 100 g de noisettes
- ½ cuil. à café de cannelle en poudre
- 2 cuil. à soupe de miel
- 1 cuil. à soupe d'eau de fleur d'oranger

Macarons passion-coco

Préparation : 1 heure • Repos : 24 heures • Cuisson : 20 minutes • Difficulté : ★★ Budget : ★

Mixez le sucre glace et la poudre d'amandes pour obtenir une poudre très fine. Montez les blancs d'œufs en neige avec une pincée de sucre. Quand le mélange commence à mousser, ajoutez petit à petit le sucre. Lorsque tout le sucre est incorporé, augmentez doucement la vitesse du batteur et fouettez jusqu'à l'obtention d'une belle meringue qui forme « un bec d'oiseau » lorsqu'on soulève les fouets. Ajoutez le colorant orange à la préparation.

Ajoutez un tiers de mélange poudre d'amandes-sucre glace, mélangez à la spatule pour assouplir la masse. Ajoutez le restant de poudre et mélangez délicatement à la spatule en soulevant la masse, en raclant bien les bords et le fond. Mélangez suffisamment pour lisser la pâte mais sans la liquéfier pour qu'elle ne s'étale pas trop.

Remplissez une poche munie d'une douille de 8 mm et dressez les macarons sur une plaque de cuisson couverte de papier sulfurisé. Espacez-les suffisamment et décalez les rangées en quinconce pour uniformiser le passage de la chaleur. Tapez avec le plat de la main sous la plaque pour uniformiser les macarons et chasser les bulles d'air. Laissez croûter (sécher) 30 minutes.

Saupoudrez les coques de noix de coco avant de les mettre au four. Placez au four pour 15 minutes à 150 °C (th. 5). Retournez la plaque à mi-cuisson. Sortez les macarons du four, faites glisser la feuille de papier sulfurisé avec les coques sur le plan de travail et laissez-les refroidir complètement avant de les décoller.

Portez le lait à ébullition. Battez l'œuf et le sucre pour que le mélange blanchisse. Ajoutez la Maïzena et versez dessus le lait bouillant. Faites épaissir la crème à feu doux. Ajoutez la pulpe des fruits de la passion passée au tamis pour retirer les pépins. Laissez refroidir à température ambiante recouverte d'un film alimentaire au contact. Battez le beurre en pommade et ajoutez petit à petit la crème, puis la noix de coco râpée.

Garnissez les macarons à l'aide d'une poche à douille et réservez 24 heures au frais.

Pour 30 macarons

Pour les coques
- 200 g de sucre glace
- 110 g de poudre d'amandes
- 95 g de blancs d'œufs
- 30 g de sucre
- Colorant alimentaire orange
- 2 cuil. à soupe de noix de coco en poudre

Pour la garniture
- 10 cl de lait
- 1 œuf
- 100 g de sucre
- 10 g de Maïzena
- 4 fruits de la passion
- 100 g de beurre (mou)
- 2 cuil. à soupe de noix de coco en poudre

Macarons poires-chocolat

Préparation : 1 heure • Repos : 24 heures • Cuisson : 46 minutes • Difficulté : ★★ Budget : ★

Mixez le sucre glace et la poudre d'amandes pour obtenir une poudre très fine. Montez les blancs d'œufs en neige avec une pincée de sucre. Quand le mélange commence à mousser, ajoutez petit à petit le sucre. Lorsque tout le sucre est incorporé, augmentez doucement la vitesse du batteur et fouettez jusqu'à l'obtention d'une belle meringue qui forme « un bec d'oiseau » lorsqu'on soulève les fouets. Une fois les coques refroidies, faites fondre les 20 g de chocolat. À l'aide d'une fourchette, éclaboussez-les puis laissez sécher.

Ajoutez un tiers de mélange poudre d'amandes-sucre glace, mélangez à la spatule pour assouplir la masse. Ajoutez le restant de poudre et mélangez délicatement à la spatule en soulevant la masse, en raclant bien les bords et le fond. Mélangez suffisamment pour lisser la pâte mais sans la liquéfier pour qu'elle ne s'étale pas trop.

Remplissez une poche munie d'une douille de 8 mm et dressez les macarons sur une plaque de cuisson couverte de papier sulfurisé. Espacez-les suffisamment et décalez les rangées en quinconce pour uniformiser le passage de la chaleur. Tapez avec le plat de la main sous la plaque pour uniformiser les macarons et chasser les bulles d'air. Laissez croûter (sécher) 30 minutes.

Placez au four pour 15 minutes à 150 °C (th. 5). Retournez la plaque à mi-cuisson. Sortez les macarons du four, faites glisser la feuille de papier sulfurisé avec les coques sur le plan de travail et laissez-les refroidir complètement avant de les décoller.

Épluchez et coupez les poires en morceaux et placez-les dans une casserole avec le sucre. Laissez compoter à feu doux 30 minutes en remuant régulièrement. Faites fondre le chocolat avec le beurre au four à micro-ondes, 3 fois 30 secondes. Mixez les poires cuites en une fine purée et ajoutez-la au chocolat. Laissez refroidir.

Avant que la ganache ne durcisse, garnissez les macarons à l'aide d'une poche à douille. Réservez 24 heures au frais.

Pour 30 macarons

Pour les coques
+ 200 g de sucre glace
+ 110 g de poudre d'amandes
+ 95 g de blancs d'œufs
+ 30 g de sucre
+ 20 g de chocolat

Pour la garniture
+ 200 g de poires
+ 50 g de sucre
+ 125 g de chocolat à 80 % de cacao
+ 25 g de beurre

Macarons praliné noisette

Préparation : 1 heure • Repos : 24 heures • Cuisson : 20 minutes • Difficulté : ★ Budget : ★★★

Mixez le sucre glace, la poudre d'amandes et la poudre de noisettes pour obtenir une poudre très fine. Montez les blancs d'œufs en neige avec une pincée de sucre. Quand le mélange commence à mousser, ajoutez petit à petit le sucre. Lorsque tout le sucre est incorporé, augmentez doucement la vitesse du batteur et fouettez jusqu'à l'obtention d'une belle meringue qui forme « un bec d'oiseau » lorsqu'on soulève les fouets. Ajoutez une pointe de colorant brun à la meringue italienne pour obtenir une couleur marron très clair.

Ajoutez un tiers de mélange poudre d'amandes-sucre glace, mélangez à la spatule pour assouplir la masse. Ajoutez le restant de poudre et mélangez délicatement à la spatule en soulevant la masse, en raclant bien les bords et le fond. Mélangez suffisamment pour lisser la pâte mais sans la liquéfier pour qu'elle ne s'étale pas trop.

Remplissez une poche munie d'une douille de 8 mm et dressez les macarons sur une plaque de cuisson couverte de papier sulfurisé. Espacez-les suffisamment et décalez les rangées en quinconce pour uniformiser le passage de la chaleur. Tapez avec le plat de la main sous la plaque pour uniformiser les macarons et chasser les bulles d'air. Laissez croûter (sécher) 30 minutes.

Placez au four pour 15 minutes à 150 °C (th. 5). Retournez les plaques à mi-cuisson. Sortez les macarons du four, faites glisser les feuilles de papier sulfurisé avec les coques sur le plan de travail et laissez-les refroidir complètement avant de les décoller.

Battez le beurre en pommade, ajoutez la poudre de noisettes et la pâte de noisettes puis le pralin. Coupez les noisettes en deux et placez-les sur une plaque de cuisson pour les faire griller dans un four très chaud (surveillez bien car l'opération ne prend que quelques minutes).

Garnissez les coques avec la crème pralinée, placez une demi-noisette au milieu, puis refermez le macaron. Réservez 24 heures au frais avant de déguster.

Pour 30 macarons

Pour les coques
- 200 g de sucre glace
- 80 g de poudre d'amandes
- 30 g de poudre de noisettes
- 95 g de blancs d'œufs
- 30 g de sucre
- Colorant alimentaire brun

Pour la crème
- 50 g de beurre
- 50 g de poudre de noisettes
- 30 g de pâte de noisettes
- 20 g de pralin en poudre
- 15 noisettes

Macarons pralinés

Préparation : 1 heure • Repos : 24 heures • Cuisson : 16 minutes • Difficulté : ★★ Budget : ★

Mixez le sucre glace et la poudre d'amandes pour obtenir une poudre très fine. Montez les blancs d'œufs en neige avec une pincée de sucre. Quand le mélange commence à mousser, ajoutez petit à petit le sucre. Lorsque tout le sucre est incorporé, augmentez doucement la vitesse du batteur et fouettez jusqu'à l'obtention d'une belle meringue qui forme « un bec d'oiseau » lorsqu'on soulève les fouets. Ajoutez le colorant brun à la préparation.

Ajoutez un tiers de mélange poudre d'amandes-sucre glace, mélangez à la spatule pour assouplir la masse. Ajoutez le restant de poudre et mélangez délicatement à la spatule en soulevant la masse, en raclant bien les bords et le fond. Mélangez suffisamment pour lisser la pâte mais sans la liquéfier pour qu'elle ne s'étale pas trop.

Remplissez une poche munie d'une douille de 8 mm et dressez les macarons sur une plaque de cuisson couverte de papier sulfurisé. Espacez-les suffisamment et décalez les rangées en quinconce pour uniformiser le passage de la chaleur. Tapez avec le plat de la main sous la plaque pour uniformiser les macarons et chasser les bulles d'air. Laissez croûter (sécher) 30 minutes.

Placez au four pour 15 minutes à 150 °C (th. 5). Retournez la plaque à mi-cuisson. Sortez les macarons du four, faites glisser la feuille de papier sulfurisé avec les coques sur le plan de travail et laissez-les refroidir complètement avant de les décoller. Saupoudrez les coques de pralin en poudre.

Faites fondre la Pralinoise, le chocolat et la crème 3 fois 30 secondes au four à micro-ondes en remuant bien à chaque fois. Vous obtiendrez une ganache parfaitement lisse. Laissez-la refroidir à température ambiante et Garnissez les macarons à l'aide d'une poche à douille avant qu'elle ne durcisse. Réservez 24 heures au frais.

Pour 30 macarons

Pour les coques
+ 200 g de sucre glace
+ 110 g de poudre d'amandes
+ 95 g de blancs d'œufs
+ 30 g de sucre
+ Colorant alimentaire brun
+ Pralin en poudre

Pour la garniture
+ 120 g de Pralinoise
+ 60 g de chocolat au lait
+ 4 cl de crème liquide entière

Conseil : vous trouverez la Pralinoise au rayon chocolat en grandes surfaces.

Macarons pralinés feuilletés

Préparation : 1 heure • Repos : 24 heures • Cuisson : 25 minutes • Difficulté : ★★ Budget : ★★

Mixez le sucre glace, la poudre d'amandes et la poudre de noisettes pour obtenir une poudre très fine. Montez les blancs d'œufs en neige avec une pincée de sucre. Quand le mélange commence à mousser, ajoutez petit à petit le sucre. Lorsque tout le sucre est incorporé, augmentez doucement la vitesse du batteur et fouettez jusqu'à l'obtention d'une belle meringue qui forme « un bec d'oiseau » lorsqu'on soulève les fouets.

Ajoutez un tiers de mélange de poudre, mélangez à la spatule pour assouplir la masse. Ajoutez le restant de poudre et mélangez délicatement à la spatule en soulevant la masse, en raclant bien les bords et le fond. Mélangez suffisamment pour lisser la pâte mais sans la liquéfier pour qu'elle ne s'étale pas trop.

Remplissez une poche munie d'une douille de 8 mm et dressez les macarons sur 2 plaques de cuisson superposées et couvertes de papier sulfurisé. Espacez-les suffisamment et décalez les rangées en quinconce pour uniformiser le passage de la chaleur. Tapez avec le plat de la main sous les plaques pour uniformiser les macarons et chasser les bulles d'air. Laissez croûter (sécher) 30 minutes.

Placez au four pour 15 minutes à 150 °C (th. 5). Retournez les plaques à mi-cuisson. Sortez les macarons du four, faites glisser les feuilles de papier sulfurisé avec les coques sur le plan de travail et laissez-les refroidir complètement avant de les décoller.

Faites fondre la pâte de pralin et le chocolat blanc au micro-ondes. Incorporez les crêpes gavottes écrasées. Mélangez bien et étalez la préparation en couche fine à l'aide du dos d'une cuillère à soupe sur une plaque en silicone ou une feuille de papier sulfurisé. Laissez durcir au frais.

Portez le lait à ébullition. Fouettez l'œuf et le sucre jusqu'à ce que le mélange blanchisse. Ajoutez la Maïzena. Versez le lait bouillant puis faites épaissir à feu doux. Ajoutez la pâte de pralin et laissez refroidir. Battez le beurre en pommade à l'aide d'un fouet électrique et ajoutez petit à petit la crème pralinée. Placez un peu de crème sur les 2 coques de chaque macaron à l'aide d'une poche à douille, placez un peu de feuilleté praliné au centre et réservez 24 heures au frais avant de déguster.

Pour 40 macarons

Pour les coques
- 200 g de sucre glace
- 60 g de poudre d'amandes
- 50 g de poudre de noisettes
- 95 g de blancs d'œufs
- 30 g de sucre

Pour le praliné feuilleté
- 60 g de pralin en pâte
- 15 g de chocolat blanc
- 30 g de crêpes gavottes

Pour la garniture
- 10 cl de lait
- 1 œuf
- 15 g de sucre
- 10 g de Maïzena
- 1 cuil. à soupe de pralin en pâte
- 100 g de beurre

Macarons rhum-raisins

Préparation : 1 heure • Repos : 36 heures • Cuisson : 20 minutes • Difficulté : ★★ Budget : ★

Faites tremper les raisins une nuit dans de l'eau et le rhum.

Mixez le sucre glace et la poudre d'amandes pour obtenir une poudre très fine. Montez les blancs d'œufs en neige avec une pincée de sucre. Quand le mélange commence à mousser, ajoutez petit à petit le sucre. Lorsque tout le sucre est incorporé, augmentez doucement la vitesse du batteur et fouettez jusqu'à l'obtention d'une belle meringue qui forme « un bec d'oiseau » lorsqu'on soulève les fouets.

Ajoutez un tiers de mélange poudre d'amandes-sucre glace, mélangez à la spatule pour assouplir la masse. Ajoutez le restant de poudre et mélangez délicatement à la spatule en soulevant la masse, en raclant bien les bords et le fond. Mélangez suffisamment pour lisser la pâte mais sans la liquéfier pour qu'elle ne s'étale pas trop.

Remplissez une poche munie d'une douille de 8 mm et dressez les macarons sur une plaque de cuisson couverte de papier sulfurisé. Espacez-les suffisamment et décalez les rangées en quinconce pour uniformiser le passage de la chaleur. Tapez avec le plat de la main sous la plaque pour uniformiser les macarons et chasser les bulles d'air. Laissez croûter (sécher) 30 minutes.

Placez au four pour 15 minutes à 150 °C (th. 5). Retournez la plaque à mi-cuisson. Sortez les macarons du four, faites glisser la feuille de papier sulfurisé avec les coques sur le plan de travail et laissez-les refroidir complètement avant de les décoller.

Portez le lait à ébullition. Battez l'œuf et les sucres pour que le mélange double de volume. Ajoutez la Maïzena et versez le lait bouillant dessus. Faites épaissir la crème à feu doux. Laissez refroidir à température ambiante recouverte d'un film alimentaire au contact. Battez le beurre en pommade et ajoutez petit à petit la crème.

Garnissez les macarons à l'aide d'une poche à douille, placez 2 raisins et fermez les macarons. Réservez 24 heures au frais.

Pour 30 macarons

Pour la garniture
+ 40 g de raisins secs
+ 1 cuil. à soupe de rhum
+ 10 cl de lait
+ 1 œuf
+ 15 g de sucre roux
+ 1 sachet de sucre vanillé
+ 10 g de Maïzena
+ 100 g de beurre (mou)

Pour les coques
+ 200 g de sucre glace
+ 110 g de poudre d'amandes
+ 95 g de blancs d'œufs
+ 30 g de sucre

Macarons truffés à la fève tonka

Préparation : 1 heure • Repos : 24 heures • Cuisson : 20 minutes • Difficulté : ★★★ Budget : ★

Préparez les macarons, divisez les blancs en deux fois 40 g. Mixez finement le sucre glace, le cacao et la poudre d'amandes.

Versez le sucre et 30 cl d'eau dans une casserole. Faites chauffer sans mélanger pour atteindre 120 °C. Montez la moitié des blancs d'œufs en neige avec une pincée de sel. Quand les blancs commencent à mousser, ajoutez 1 cuil. à soupe de sucre et augmentez la vitesse. Quand le sirop est prêt, versez-le sur les blancs en neige, en battant à la vitesse minimale. Quand le sirop est totalement versé, passez à la vitesse maximale, ajoutez le colorant alimentaire et fouettez jusqu'à ce que la meringue soit tiède.

Préchauffez le four à 150 °C (th. 5) chaleur tournante. Mélangez l'autre moitié des blancs avec la poudre d'amandes, le cacao et le sucre glace. Allégez le mélange en ajoutant un cinquième de meringue et mélangez avec une spatule. Ajoutez le reste de meringue et mélangez le tout en soulevant la masse et en raclant bien les bords et le fond, jusqu'à ce que le mélange se liquéfie légèrement.

Versez cette pâte dans une poche munie d'une douille de 8 mm. Recouvrez vos plaques de cuisson de papier sulfurisé et formez des petits tas de 3 cm de diamètre en les espaçant bien car ils vont s'étaler et décalez les rangées en quinconce pour uniformiser le passage de la chaleur entre les coques.

Laissez sécher 20 minutes, puis entournez en superposant deux plaques de cuisson, pendant 14 minutes. Et retournez les plaques à mi-cuisson. Sortez les macarons du four et attendez le refroidissement total pour les décoller sans aucun problème.

Préparez la ganache. Chauffez la crème jusqu'à ébullition. Versez-la en trois fois sur le chocolat râpé, en mélangeant à chaque fois, pour obtenir une ganache onctueuse et lisse. Ajoutez le beurre, le sucre glace, les fèves tonkas râpées et laissez refroidir. Avant que la ganache n'épaississe complètement, garnissez les macarons à l'aide d'une poche à douille. Réservez 24 heures au frais.

Pour 30 macarons

Pour les coques
+ 3 blancs d'œufs (tempérés)
+ 100 g de sucre glace
+ 2 cuil. à café de cacao en poudre
+ 100 g de poudre d'amandes
+ 100 g de sucre
+ Colorant alimentaire brun
+ Sel

Pour la ganache
+ 10 cl de crème liquide
+ 125 g de chocolat noir à 70 % de cacao
+ 25 g de beurre
+ 20 g de sucre glace
+ 2 fèves tonka

Macarons tutti frutti

Préparation : 1 heure • Repos : 24 heures • Cuisson : 35 minutes • Difficulté : ★★ Budget : ★★

Mixez le sucre glace et la poudre d'amandes pour obtenir une poudre très fine. Montez les blancs d'œufs en neige avec une pincée de sucre. Quand le mélange commence à mousser, ajoutez petit à petit le sucre. Lorsque tout le sucre est incorporé, augmentez doucement la vitesse du batteur et fouettez jusqu'à l'obtention d'une belle meringue qui forme « un bec d'oiseau » lorsqu'on soulève les fouets. Ajoutez du colorant alimentaire rouge.

Ajoutez un tiers de mélange poudre d'amandes-sucre glace, mélangez à la spatule pour assouplir la masse. Ajoutez le restant de poudre et mélangez délicatement à la spatule en soulevant la masse, en raclant bien les bords et le fond. Mélangez suffisamment pour lisser la pâte mais sans la liquéfier pour qu'elle ne s'étale pas trop.

Remplissez une poche munie d'une douille de 8 mm et dressez les macarons sur 2 plaques de cuisson superposées et couvertes de papier sulfurisé. Espacez-les suffisamment et décalez les rangées en quinconce pour uniformiser le passage de la chaleur. Tapez avec le plat de la main sous les plaques pour uniformiser les macarons et chasser les bulles d'air. Saupoudrez de perles de sucre. Laissez croûter (sécher) 30 minutes.

Placez au four pour 15 minutes à 150 °C (th. 5). Retournez les plaques à mi-cuisson. Sortez les macarons du four, faites glisser les feuilles de papier sulfurisé avec les coques sur le plan de travail et laissez-les refroidir complètement avant de les décoller.

Lavez les fruits, coupez-les en morceaux et placez-les dans une casserole avec le sucre et le sirop de grenadine. Laissez compoter sur feu doux 20 minutes en mélangeant régulièrement. Mixez l'ensemble et passez la purée de fruits au tamis pour retirer les graines. Ajoutez les feuilles de gélatine ramollies dans l'eau froide et essorées, mélangez bien puis laissez refroidir. Garnissez les macarons à l'aide d'une poche douille et réservez 24 heures au frais avant de déguster.

Pour 40 macarons

Pour les coques
- 200 g de sucre glace
- 110 g de poudre d'amandes
- 95 g de blancs d'œufs
- 30 g de sucre
- Colorant alimentaire rouge
- 2 cuil. à café de perles de sucre

Pour la garniture
- 70 abricots
- 50 g de fraises
- 50 g de groseilles
- 50 g de pommes
- 30 g de sucre
- 1 cuil. à soupe de sirop de grenadine
- 2 feuilles de gélatine

Macarons vodka orange

Préparation : 1 heure • Repos : 24 heures • Cuisson : 25 minutes • Difficulté : ★★ Budget : ★★

Mixez le sucre glace et la poudre d'amandes pour obtenir une poudre très fine. Montez les blancs d'œufs en neige avec une pincée de sucre. Quand le mélange commence à mousser, ajoutez petit à petit le sucre. Lorsque tout le sucre est incorporé, augmentez doucement la vitesse du batteur et fouettez jusqu'à l'obtention d'une belle meringue qui forme « un bec d'oiseau » lorsqu'on soulève les fouets. Ajoutez du colorant alimentaire orange.

Ajoutez un tiers de mélange poudre d'amandes-sucre glace, mélangez à la spatule pour assouplir la masse. Ajoutez le restant de poudre et mélangez délicatement à la spatule en soulevant la masse, en raclant bien les bords et le fond. Mélangez suffisamment pour lisser la pâte mais sans la liquéfier pour qu'elle ne s'étale pas trop.

Remplissez une poche munie d'une douille de 8 mm et dressez les macarons sur 2 plaques de cuisson superposées et couvertes de papier sulfurisé. Espacez-les suffisamment et décalez les rangées en quinconce pour uniformiser le passage de la chaleur. Tapez avec le plat de la main sous les plaques pour uniformiser les macarons et chasser les bulles d'air. Laissez croûter (sécher) 30 minutes.

Placez au four pour 15 minutes à 150 °C (th. 5). Retournez les plaques à mi-cuisson. Sortez les macarons du four, faites glisser les feuilles de papier sulfurisé avec les coques sur le plan de travail et laissez-les refroidir complètement avant de les décoller.

Dans un saladier en inox type cul-de-poule, versez le jus de l'orange et la vodka. Ajoutez l'œuf, le zeste de l'orange et le sucre. À l'aide d'un fouet, mélangez au bain-marie sans arrêter jusqu'à l'épaississement de la crème. Laissez refroidir à température ambiante.

Fouettez le beurre tempéré en pommade avec un batteur électrique et ajoutez petit à petit la crème à l'orange, jusqu'à l'obtention d'une crème onctueuse. Garnissez les macarons à l'aide d'une poche à douille. Réservez 24 heures au réfrigérateur avant de déguster.

Pour 40 macarons

Pour les coques
+ 200 g de sucre glace
+ 110 g de poudre d'amandes
+ 95 g de blancs d'œufs
+ 30 g de sucre
+ Colorant alimentaire orange

Pour la garniture
+ ½ orange non traitée
+ 3 cuil. à soupe de vodka
+ 1 œuf
+ 30 g de sucre
+ 100 g de beurre